全球经济和中国经济
——穿越无人区

徐奇渊　杨盼盼　熊爱宗◎等著

中国社会科学出版社

图书在版编目（CIP）数据

全球经济和中国经济：穿越无人区／徐奇渊等著．—北京：中国社会科学出版社，2018.6
ISBN 978-7-5203-2739-8

Ⅰ.①全… Ⅱ.①徐… Ⅲ.①中国经济—经济发展—研究 Ⅳ.①F124

中国版本图书馆 CIP 数据核字（2018）第 138165 号

出 版 人	赵剑英
责任编辑	王　茵
特约编辑	范晨星
责任校对	杨　林
责任印制	王　超

出　　版	中国社会科学出版社
社　　址	北京鼓楼西大街甲 158 号
邮　　编	100720
网　　址	http://www.csspw.cn
发 行 部	010-84083685
门 市 部	010-84029450
经　　销	新华书店及其他书店
印　　刷	北京明恒达印务有限公司
装　　订	廊坊市广阳区广增装订厂
版　　次	2018 年 6 月第 1 版
印　　次	2018 年 6 月第 1 次印刷
开　　本	710×1000　1/16
印　　张	18.75
字　　数	188 千字
定　　价	78.00 元

凡购买中国社会科学出版社图书，如有质量问题请与本社营销中心联系调换
电话：010-84083683
版权所有　侵权必究

序　言

余永定

徐奇渊、杨盼盼和熊爱宗是我在中国社会科学院世界经济与政治研究所的三位年轻同事。以年岁论，我应该比他们的父母还要年长。但我始终喜欢和他们打交道，同他们争辩。有了新想法，我总要问问他们，这些想法是否靠谱，要他们为我把关，免得我这个老年痴呆症的初期患者，闹出学术笑话。徐奇渊在我担任所长期间给我当了两年的学术助手，始终是我十分倚重的参谋。我为世界经济与政治研究所有这样一个青年学术团队而感到自豪。

作者们自称是学术民工，我很喜欢他们的这种有幽默感的自谦。2015 年我在孟买印度储备银行（印度的中央银行）做报告，在问题与回答阶段，一位印度储备银行的研究人员站起来提问。他引述一位中国经济学家的观点，质疑我对中国通货膨胀的看法。我突然意识到，这位中国经济学家就是徐奇渊。

全球经济和中国经济：穿越无人区

此前他写了一篇题为《风动还是幡动》的讨论价格指数统计、而非佛学的文章。这篇文章居然声名远播，到了佛祖故乡——印度的中央银行，我当时就不禁失声笑了出来。不要小看我们所的年轻人，他们之中不少人在国际上可已经是小有名气了。

《穿越无人区》这又是一个怪名子。"无人区"原来是指敌对双方战壕之间的地带，是死亡地带。显然，三位作者们并未穿越凶险的无人区。他们只是在一些没有海图的水域试水。《穿越无人区》是由许多有趣短文构成的。我在张明《行走的经济学人》一书的序言中曾说过，我不赞成写杂文式的经济学文章。但看来写这类文章的诱惑力太大，我挡也挡不住。反过来想，我在20世纪60年代前接触经济学就是从看这类经济杂文开始的。当时《光明日报》每周都要发表一些这样的文章。我印象最深的有两篇。一篇是解释战国时魏国李悝"谷贱伤农"的文章。另一篇是讲《镜花缘》里"君子国"的买家竭力抬高商品价格而卖家拼命压低商品价格的故事。正是这些趣味性很强的故事，给我做了经济学启蒙。当然，《穿越无人区》不是经济学的启蒙书，而是作者对许多重要经济学问题同读者的分享。我以为，说它是一本兼有思想性、知识性和趣味性的"经济杂文集"是恰如其分的。

文集的第一篇文章《语言和金融市场》写的很好。从英语作为世界语言的视角出发，作者们看到了中国金融走向世界和人民币国际化的困难。我在2007年关于开通"香港直通车"

的文章中曾写道:"中国的交易员们有多少能够听得懂伦敦、纽约证券交易所的专用术语?大多数人恐怕接听客户电话都有问题。连最基本的语言关都过不了,想赚外国人的钱,谈何容易?!"中国金融迈向世界的步伐受制于我们掌握英语、熟悉英语世界的文化、法律制度和政治制度的程度,急于求成的结果必然是欲速而不达。

在《从全球化走向碎片化的无人区》一文中,作者们断言全球贸易体系、生产网络、金融体系都在由全球化走向碎片化。这可是一个极为大胆的重要判断。全球化过程从来都是波动性发展的,有高潮也有低潮。我们不知道全球化的最终结果是什么。中国未来10年、20年的对外经济政策应该建立在何种判断之上,我不是预言家,不敢妄言。但在目前阶段,全球化的退潮是显而易见的。导致全球化退潮的原因十分复杂,难以说清。但有一条很清楚:全球化收益分配不均导致了各国国内阶级或层级(strata)矛盾的激化。马克思时代激动人心的口号"全世界无产者联合起来",早被"全世界资产者联合起来"的无情现实所取代。而正是这种联合造成了一个全球化狂飙突进的时代。但全球化的成果并未得到公平的分配,于是出现了反全球化的浪潮。一个国家的政府越是忽视收入再分配问题,这个国家的民粹主义和反全球化情绪就会越发强烈。十几年前发生在西雅图的反世界银行和国际货币基金组织大游行,最近几年欧洲国家右翼民粹主义者的粉墨登场,特朗普这样一

全球经济和中国经济：穿越无人区

个"怪人"入主白宫都是发达国家中、低收入阶层反全球化情绪的产物。在美国，除了意识形态卫道士之外，对中国最敌视的人群恐怕非铁锈地带蓝领工人莫属了。在中国似乎听不到什么反全球化的声音，但这是否是因为我们的听觉有问题？即便没有，谁又能保证今后我们不会听到呢？

全球贸易体系的前景难于预测，谁会想到TPP会在最后时刻因特朗普的上台而被扔进垃圾桶。值此区域贸易自由化谈判方兴未艾，美国的单边主义肆行无忌的时刻，我以为，无论如何，中国都应该做WTO多边主义的捍卫者，WTO的道德高地必须坚守。

《穿越无人区》认为区域自由贸易协定的出现将改变直接投资的格局，并且会进一步改变全球生产价值链的布局。这种观点有道理，但另一个重要问题是，中国如何把握参与全球生产价值链的深度和广度。中兴遭禁给我们敲响了警钟。中国应脱离全球生产链（至少掌握核心技术），还是进一步融入全球生产链（在链内升级）？抑或两者之间存在一条中间道路？这是一个无法回避但又难于回答的问题。从技术角度来看，脱离全球生产链是难以想象的。但中兴不是一个个案，如果中美发生冲突（不是战争），更多中国高科技公司被制裁怎么办？我们在等待技术专家和政治家回答这个问题。

作者们认为"国际金融体系也在走向碎片化"。是否可以这样说，我不大肯定。但国际金融体系确实面临新的考验。但最大的考验很可能不是别的，恰恰是如何包容中国的兴起。国际货币基金组织的最主要功能是充当全球金融体系的"最后贷款人"。中国作为世界第二大经济体，在国际货币基金组织中的份额排在第三位，在未来的十年中很可能会上升到第一位。届时，基金组织的发达国家成员国是否会接受中国成为基金组织最大股东这一事实。此外，目前的各类区域金融合作组织以及诸如亚洲基础设施投资银行、金砖国家新开发银行之类的国际金融机构的发展如何同国际货币基金组织、世界银行相协调，也是国际金融体系面临或即将面临的重大挑战。

在《国际货币体系中的法兰西艺术气息》一文中，这本书对法国在国际货币体系沿革中的作用做了有趣的评述。法兰西民族是一个伟大的民族。法国人的自豪感举世无双，只可惜时运不济，自拿破仑之后法国在国际事务中的发言权每况愈下。尽管法国人的骄傲同法国的实力不成比例。但听听高雅的法国人教粗鄙的美国人如何做人倒是一件愉悦的事情。

所谓国际货币体系是保证国际交易正常进行的国际制度安排。其主要功能有二：第一，提供交易媒介，方便商品、资产的跨境交易；第二，提供某种调整贸易不平衡的机制。为了实现这两个功能，国际货币体系必须包含三个要素：一，本位货币（作为价值单位的货币）；二，汇率制度安排；三，对于货币可兑换性的规定。

从19世纪70年代开始，国际货币体系是所谓"金本位"，

全球经济和中国经济：穿越无人区

其特点是：第一，黄金是唯一的储备货币；第二，每个国家的货币与黄金挂钩，各国货币的汇率由各货币对黄金的兑换比例而决定；第三，货币兑换成黄金不受限制。金本位这样一种国际货币体系是有其缺陷的，首先它有通货收缩的倾向，因为黄金的产量是有限的，而世界经济高速增长，这就会导致交易手段不足的问题。其次，尽管金本位具有很强的实现国际收支平衡的调节功能。但金本位下的国际收支平衡调节往往过于迅速和强烈。而这又会导致国际经济发生巨大的动乱。为了克服金本位的缺陷，布雷顿森林货币体系应运而生。

布雷顿森林货币体系的设计基本是美、英两家包办。骄傲的法国人不甘心被无视，希望新的货币体系能够打上法国烙印。但因实力不济，也只好满足于给新体系加上一点法兰西艺术气息。布雷顿森林货币体系基本上是一种黄金汇兑本位制，一方面，黄金依然作为储备货币，另一方面，美元——一种国别信用货币——可按固定比率自由兑换成黄金，也就是说，美元和黄金共同成为储备货币，美元在一定程度上就等同于黄金了。但美元毕竟不是黄金，所以在黄金汇兑本位国际货币体系下，对美元的信心，即对美元可以兑换成黄金的信心成为一个关键问题。经济学家特里芬指出，外国投资者所持有美元（美元资产）对美国所持有黄金数量比率的上升，迟早会导致外国投资者对美国政府所做的35美元兑换1盎司黄金的承诺丧失信心。到1971年前后，外国投资者所持有的美元资产达到

5000亿美元，而美国的黄金储备是1500亿美元。在这种情况下，美元持有者果然对用35美元能否从美联邦储备委员会兑换1盎司黄金产生怀疑。一直对布雷顿森林体系心存芥蒂的法国人自然不会放过找麻烦的机会。戴高乐派军舰从美国运回黄金，加大了美元持有者的恐惧心理。美元遭抛售，美国黄金储备急剧减少，最终导致了布雷顿森林货币体系的崩溃。

在后布雷顿森林体系下，美元不再有黄金支持。对外国持有者来说，美元仅仅是由美国政府开出的、以国家信用担保的借条（"IOU"）或某种意义上的"白条"。布雷顿森林体系下美元有黄金支持尚且崩溃，同黄金脱钩后，美元怎么依然能够充当国际储备货币呢？似乎可以认为：布雷顿森林体系的崩溃并非是市场对美元的储备货币地位投了不信任票，而是对美国政府35美元兑换1盎司黄金的承诺投了不信任票。美元与黄金脱钩后，美元对黄金的价格剧烈贬值，但美元对其他货币的贬值则相对温和，且有双向波动。这说明美元的国际储备货币地位本身并没有发生根本的动摇。既然美元已经不能兑换黄金，换英镑、马克、法郎都不是什么更好的选择，那还逃什么呢？干脆就持有美元吧。于是美元汇率也就稳定下来了。

《国际货币体系中的法兰西艺术气息》中提到法国经济学家雅克·吕夫（Jacques Rueff），他在1962年曾经讲过一个"裁缝的故事"，他把当时国际货币体系的安排比作一个裁缝和他的顾客的关系：裁缝为顾客做西装，做好西装卖给顾客后，

全球经济和中国经济：穿越无人区

再把顾客付的钱作为贷款返还给顾客，后者则用这笔钱再向裁缝买新西装，如此循环往复，顾客不断地享受西装，裁缝不断地积累借条。等到有一天，裁缝想把这些借条换成现钱了，顾客到底有没有能力还钱呢？美国是这个故事里的顾客，世界其他国家则是那位裁缝。我不知道雅克·吕夫是不是揭示美元作为国际储备货币不合理之处最早的经济学家，但雅克·吕夫的话确乎说的早了点。直到1980年之前，美国都是贸易和经常项目顺差国，因而它是通过资本项目逆差（输出资本）为国际货币体系提供流动性的。美国是债权国，因而没有理由怀疑美元会突然贬值。换句话说，雅克·吕夫的裁缝是美国而不是别的什么国家。美国一方面把借据（美元）借给其他国家，另一方面为其他国家提供商品。其实美国也是不情愿充当这个角色的。但1980年代以后，情况发生逆转，美国和世界其他国家的角色发生调换。美国成为贸易和经常项目逆差国。一方面，美国成为顾客、其他国家成为裁缝；另一方面，这个顾客自己印借据，而裁缝们居然不但接受这种借据，而且热衷于积攒这种借据。

现在，由于长期入不敷出，美国变成了世界上最大的债务国。但美元不但没有遭到抛售，反而在全球金融危机之后持续升值，这难道不是见了鬼吗？唯一的理由是大家相信美国会还钱。但谁知道，当美国的债务进一步上升，美国的通货膨胀恶化，或当美元的替代物出现之时，会不会在全球范围内出现

"逃离美元"的浪潮。凯恩斯说过,"如果你欠银行1万镑,你受银行的摆布。如果你欠银行100万镑,银行受你摆布"。如果中美交恶,美国人赖帐怎么办?作为美国的最大债主,中国应该很难睡上安稳觉。

法国人提出"特别提款权"(SDR)确实是一个好主意。在现在的技术条件下,把SDR作为价值尺度、交易媒介、结算手段和储备货币也并非难事。但由于惯性,由于美国的反对,除非发生一场让美元声名扫地的危机,SDR取代美元的可能性微乎其微。人民币国际化?可能。但这必然是一条漫长的荆棘之路。

《穿越无人区》中的更多短文同中国经济有关。最引起我关注的是《从PPI反弹到PPI行业分化:去产能政策下的产出—物价关系变异》一文①。这是一篇很规范的宏观经济形势分析文章。在这篇文章中我最感兴趣的是作者们对中国总供给曲线左移、左旋的分析。作者提到:中国的PPI经过了54个月之后终于从2016年9月开始转向正增长。这是中国经济自2012年持续下滑之后的一个重要转折点。2017年"工业企业不但摆脱了债务—通缩风险,甚至还实现了债务杠杆率的轻微下降。在PPI快速上升的支撑下,出现了L型增长下的V型反弹"。但作者们看到,随着PPI的快速反弹,也出现了一些需

---

① 这篇文章的作者是徐奇渊、张斌。——作者注

全球经济和中国经济：穿越无人区

要解释的现象：2015年及以前的产出增速—通胀率关系，已经不适用于2016年以来的情况。2016年年初开始，相同产出增速，已经对应着更高的通胀率，或者说，相同的通胀率水平，对应于更低的产出增速。

作者对产出和物价之间关系这种变化的解释是：正向需求冲击带动了经济活动回暖，带来了需求曲线向右移动，如果只有这个力量，我们将会看到价格和产量双双同步上涨。而另一方面，去产能对供给能力造成了一次冲击，市场结构变化对供给面造成了二次冲击。其中前者，行政去产能带来的供给面冲击，将影响到供给曲线向左移动。而后者，市场结构变化带来的是供给曲线更加陡峭。在此情况下，给定价格的上涨幅度，企业扩大供给的幅度将非常有限。

我一向羡慕年轻人对数据和细节的把握，进行宏观经济分析，特别是短期分析，没有这两点是得不出什么有用结论的。《L型增长下的V型反弹：PPI反弹的力量？》的分析是有说服力的。但是，在这里我也不妨吹毛求疵一下。首先，总供给曲线并不是产出—物价关系曲线。总供给曲线的推导可以基于不同的理论。例如，在西方教科书中，总供给曲线一般是根据劳动市场供求均衡理论推导的，也有根据合理预期理论推导的。我自己则往往用异质企业（劳动生产率不同企业）的微观价格—产出曲线加总推导总供给曲线。

《从PPI反弹到PPI行业分化：去产能政策下的产出—物价

关系变异》中的总供给曲线是以什么理论为基础的呢？作者的分析有一定道理，但事实并不必然是这种情形，这一问题还有待进一步探讨。你所观测到的那些产出—物价点是总供给曲线的轨迹抑或总供给和总需求曲线的不同交点？换言之，你还需要处理观测点的识别问题（identification problem）。在假定了总供给曲线背后的理论之后，你才能问为什么对应于给定物价水平，产出会减少；或对应于给定产出水平，物价会上升。以由微观产出曲线加总推导的总供给曲线为例，同是去产能，如果去产能方法不同，总供给曲线的变化也应该是不同的。例如，让亏损企业破产，总供给曲线似乎不会发生移动。但是，让所有企业（无论是否盈利）一律减产，则总供给曲线大概会发生移动，但移动方式可能还会因减产方式不同而不同。总而言之，发现总供给曲线发生变化，解释这种变化对我们正确认识当前经济形势，并制定出正确应对之策十分重要。我想说的是，确认我们到底观察到了什么，以及正确解释我们所观察到的变化是不能够一蹴而就的，我们需要的是不断的质疑和不断的重新解释，直至我们智穷力竭，疑无可疑。

　　长江后浪推前浪，一代更比一代强。谨以此序言向我的年轻同事表示感谢和敬意，并告诉他们：只要还有精力，我还将继续同他们讨论和争论下去。

目 录

序言 ·································· 1

上 篇

自序(上)：语言和金融市场 ·································· 3

I 国际金融体系穿越无人区

从全球化走向碎片化的无人区 ·································· 11
货币政策无人区：欢迎来到负利率时代！ ·································· 21
负利率政策的无人区：在海边玩耍的那些央行 ·································· 27
国际货币体系的历史区：美国和大债主沙特的
　历史纠葛 ·································· 35
国际货币体系中的法兰西艺术气息 ·································· 43

国际货币体系改革的无人区：SDR 债券撼动
　　美元世界？ ……………………………………… 50
迎接未知的国际金融危机：准备好第二道防线 ……… 58

Ⅱ 中国踏入"一带一路"无人区的探索

进入"一带一路"无人区的中国国际发展政策：西方的
　　批评与误解 …………………………………… 67
踏上"一带一路"无人区的中国企业投资 …………… 75
"一带一路"投融资机制的无人区 …………………… 88
投资主体：中资银行在非洲的南北合围布局探索 …… 98
投资伙伴：马歇尔计划的启示 ……………………… 106
投资对象国：津巴布韦关于引入人民币
　　提议的启示 …………………………………… 113
投资项目：尼泊尔的生姜产业 ……………………… 118

下　篇

自序（下）：反思"摸着石头过河" ………………… 129

Ⅲ 中国经济迈入无人区

L 型增长下的 V 型反弹：PPI 反弹的力量？ ………… 137

PPI 反弹了,产出—物价关系变异了？ …………… 143
需求冲击无法解释产出—物价关系变异 ………… 148
从 PPI 反弹到 PPI 行业分化：去产能政策下的
　　产出—物价关系变异 ……………………………… 153
从 PPI 行业分化到行业利益再分配 ……………… 163
行业分化背景下：固定资产投资走弱 …………… 168
对存货投资的唯一共识 …………………………… 174
对存货投资的四种误解 …………………………… 182
盘点中国的存货和存货投资 ……………………… 189
转型的经济结构,变形的货币需求？ …………… 197

Ⅳ　中国经济改革突入无人区

中国房地产市场的三种前途 ……………………… 205
去谁的杠杆？ ……………………………………… 211
去产能政策的冲击和供给侧改革的进一步推进 … 215
扩大内需：靠财政还是货币？ …………………… 220
普惠金融观察：来自扶贫贷款变形的反思 ……… 225
德日同途殊归的启示：如何应对汇率升值 ……… 235
缓解汇率冲击的外部解：国际汇率政策协调 …… 245
国际交易结算当中,中国如何面对赫斯塔特
　　风险？ ……………………………………………… 252

全球经济和中国经济：穿越无人区

人民币汇率制度走向充分弹性：条件正在

　　走向成熟 ·················· 266

20世纪80年代，日本金改的错与莫 ········· 271

老龄化问题，中国比日本更棘手？ ········· 276

后记 ························ 282

上 篇

自序（上）：
语言和金融市场

大概 9 年前，哥伦比亚大学的 Park 教授来访。其间他抛出了一个观点，大概意思是，语言是货币国际化的重要条件之一。日元国际化，吃亏就吃亏在语言上了。

他说得还真有一番道理。全世界只有伦敦、纽约，可以称得上是真正的国际金融中心，都属于英语国家。第二梯队当中的香港、新加坡，也都将英语作为官方语言之一。而国际金融中心第一、第二集团的 5 个城市当中，东京的英语环境最为逊色。

关于日本人的英语水平有很多段子。1968 年，日本经济总量超过德国之后，日本人在国际舞台上逐渐活跃起来。但是在很多场合下，由于语言障碍再加上性格的拘谨，日本人的表现常常被人称为 3S（smile, silence, sleep，微笑、沉默、睡觉，话又说回来，有时候这个 3S 也适用于中国人）。

全球经济和中国经济：穿越无人区

日本英语发音方面的一个大问题，就是L和R不分。早坂隆先生在《可笑的日本人》当中自嘲式地讲过一个段子：一个美国人问身边的日本人，你们的最后一次选举是什么时候（What's the time of your last election）？这个日本人回答道：今天早上！

在历史上，日本对语言战略的选择也发生过失误。2011年，我在东京的某大商业银行工作了一段时间。当时，一位部门领导渡边先生（化名）讲了自己的一段黑色经历。20世纪90年代初，欧盟的《马斯特里赫特条约》签订，各国陆续公投，欧洲国家朝着欧元区的大道义无反顾地前行。

这时候，日本这家商业银行作出战略判断，认为1999年欧元区即将建立，德国的法兰克福将成为欧洲央行的所在地——这些判断都没错，但是下面的判断现在看起来错得有一些离谱——并且，德语将成为欧洲央行的工作语言，法兰克福将可能超越伦敦，成为欧洲和全球的金融中心。基于这样一个判断，这家银行在内部选拔了优秀人才去德国学德语，渡边先生也在这时候被派去了德国。"四年之后"，他说，"我第一次在公开场合使用德语，就是用德语宣布，我们在德国的一家分行关闭"。此后，他卷起了对德国的回忆，又被派到了伦敦继续学习英语，在伦敦分行从事金融工作。

其实日本人早就应该明白，在国际场合，德语的处境不比日语强多少。一位在欧盟工作的德国人向我抱怨，"欧盟最常用的语言之一就是德语（他指欧盟的德国籍要员众多），但同时德语也是最不受待见的语言"。不过德国人的英语总归比日本人强多了。但不管怎么样，英语也是欧盟各种语言当中的"普通话"。即使英国脱欧，英语在欧盟的地位也难以撼动。

据说，在英国公投脱欧结果公布之后，欧洲议会宪法事务委员会主席达努塔·许布纳就说："英语是我们的官方语言，那是因为英国在欧盟，如果英国脱欧，我们就不需要英语了。"但是事情没这么简单，看一看欧盟议会的大会议室就知道：欧盟有24种官方语言（为了体现各成员国的平等，欧盟成员国的全部24种语言均为官方语言），如果要从24种当中任选2种语言，就有276（24×23/2）种组合方式！如果每个同声传译室安排2名翻译，就需要552名翻译，开会的人可能都没有翻译多——这还只是小问题。

真正的问题是，同传预算将增加十几倍，而目前欧盟每年的各类翻译费用就已经达到好几亿欧元。另外，要找一个将马耳他语翻译成英语的人还比较好找，但是要找一个将马耳他语翻译成爱尔兰盖尔语的人，那就麻烦了。

所以长期以来，欧盟将英语作为语言的"一般等价物"，如果有马耳他语发言，就先将它翻译成英语，然后其他翻译者再将英语转换成另外22种语言。这样一来，大会议厅只需要24个同声传译室就可以了。不过这也带来了另一个小问题，开会的人当中产生了语言"时差"——马耳他语的发言，当然一

全球经济和中国经济：穿越无人区

部分懂马耳他语的人先听懂，然后说英语的人听懂，然后再按照其他语言的翻译速度，大家以不同的"时差"收到信息。可以想象，如果一位发言者讲了一个笑话，那台下的笑声将会如风吹麦浪、此起彼伏。即使是这样，也要感谢英语，虽然24个同传室也还是不少，但总比276个好多了。

在议会辩论当中，这种语言的"时差"还可以忍受。但是在瞬息万变的金融市场中，这种"时差"就意味着巨大的交易风险，从而对外国投资者构成一道门槛，最终会成为金融市场发展的一道障碍。

金融市场甚至都无法忍受几十毫秒的时差。2010年，有媒体报道，为了实现金融数据传输时间从140毫秒缩短到88毫秒，日本和伦敦之间计划耗资13亿美元穿过北冰洋铺设光纤专线。这还只是为了缩小52毫秒的时间差。

那么，语言在金融市场的"时差"是什么样呢？日本官方机构已经非常努力，但是一项政策的发布，一般也是日文版先发布，英文版要间隔数日或数个小时才发布。这对于不懂日语的国际金融投资者来说是灾难性的。此外，即使是同时发布日语、英语两个版本的政策公告，东方语系措辞之模糊、之婉约、之隐晦，在英语翻译过程中也将面临重大的信息损耗、变形，甚至产生"意义的差异"（意差）。中国金融监管机构也面临同样的问题，甚至更有过之。

所幸的是，在东亚的大城市当中，中国人英语的平均水平还算不错，好过韩国，更强过日本。所以，如果说语言会对人民币国际化构成制约，但中国在这方面所受的制约，可能会比日本稍好一些。在人民币国际化的过程中，作为金融基础设施，我们的金融交易系统也在经历着国际化的升级。2015年10月上线的CIPS（人民币跨境交易支付系统），一方面是为了从CNAPS（中国现代化支付系统）当中独立出来，将国内业务与跨境业务进行分离，以便于识别和监管；另一方面，正是因为CNAPS系统使用的是中文，无法与国际通行的报文标准相衔接。

如果只有你一个人有电话，其他人都没有，那你也打不了电话，这就是网络性。不仅是电话，语言、全球生产网络、国际贸易体系、国际金融市场、国际货币体系，这些都具有网络性特点。英语作为全世界的通用语言，已经深深嵌入了上述各个网络当中，尤其作为全球金融市场的交易语言已经有数百年，这种全球网络具有自我强化的活力。在某种程度上，过去的全球生产网络、国际贸易体系、国际金融市场、国际货币金融体系，都是按照英语世界的逻辑来运转的。

但是现在，英语世界的逻辑正在发生变化：民粹主义之风起云涌，使得西方世界对自由贸易体系、经济全球化的信念产生了动摇；2008年国际金融危机之后的经济增长长期停滞，使得货币政策步入负利率的深水区；危机和技术驱动下的国际货币金融体系改革也在未知领域进行着探索。与此同时，中国市

全球经济和中国经济：穿越无人区

场的进一步对外开放、人民币国际化，以及"一带一路"倡议，也使得中国以前所未有的姿态融入了上述各种网络当中。"一带一路"倡议中的"五通"就是最好的概括。

今天，中国和世界同时都在迈步走向更多的未知领域、更多的"无人区"。即使是在过去，由于语言维度的"时差""意差"，中国和世界的沟通本身就是一个大的问题。而今天，在上述"无人区"的维度下，中国和外部世界的沟通就成为一个更大的问题。极有可能出现这样一种情况：基于"时差""意差"的语言、思维方式，甚至是运行机制，中国和世界在一些全新未知的领域发生交流、产生冲突，跌跌撞撞地共同走进历史的"无人区"。

当然，也有乐观者认为，这是构建中国话语体系的绝好时机。但是和一张张白纸不同，这些未知领域、这些"无人区"到处都布满了英语世界的深刻印记。几十年前，试图"以融入来实现突围"的日语和日元，都已经躺下了，最终在英语世界纷繁的印记中沦为一个令人唏嘘的脚注。

历史不会重演，但总是押着相似的韵脚。

中国和人民币可能会是个例外？全世界都对这个问题充满了好奇。

国际金融体系穿越无人区

从全球化走向碎片化的无人区

过去 40 年，中国的发展不仅受益于改革红利、人口红利，而且还获益于全球化红利。作为两大传统增长引擎，出口和投资，都直接或间接地得益于国际分工网络、国际贸易体系、国际金融体系的一体化。甚至多年来，人力资本的提升、先进管理和生产方式的引进、技术上的学习和进步等，都离不开经济全球化的大背景。

但是近年来，世界经济格局开始出现一些新的迹象：**全球化似乎正在掉头，转向碎片化！**这种碎片化，尤其体现在国际经济规则、秩序的重构和洗牌上。尽管我们并不排除，全球化合作机制在其他一些领域正在取得进展，比如反恐、气候变化、国际税收政策协调等领域。但是我们更多地看到，全球化的大戏已然处于落幕当中，碎片化的趋势正在抬头。这种碎片化背后，并不一定有那么多激动人心的阴谋论。原因甚至也可能比较索然无味，比如：在寒冬的一场暴雪之后，大家各扫门

全球经济和中国经济：穿越无人区

前雪，一不小心就把雪堆到了路口，甚至还堆到了邻居门前。

不管是什么原因，中国是否做好了准备？

国际贸易体系转向碎片化

WTO的谈判在多哈回合遇到了困难，发达国家强调环境保护、知识产权、劳工保护、国有企业等高标准，希望通过改变贸易规则、提升出口竞争力，为此发展中国家和发达国家双方久久僵持不下。在此过程中，新兴经济体整体上积累了大规模的贸易顺差，与此对应的是发达国家大规模的贸易逆差。

2008年国际金融危机后，以美国为代表的发达国家决意提升本国竞争力，扭转赤字局面，改变其在国际贸易领域的处境。为此，发达国家开始重塑国际贸易领域的游戏规则。危机发生后的2008年，美国即正式宣布加入TPP（当时叫TPSEP，即泛太平洋战略经济伙伴关系协定）谈判。而且在TPP谈判的目标中，美国国会文件非常明确地表示：TPP是美国制定新贸易规则的范本，反映了美国对国际贸易的重视，并希望TPP能够成为美国改善贸易失衡的重要规则与手段。美国的加入，使得TPP的影响力大增，推动了TPP谈判的进度。2015年10月5日，TPP协定已经达成。与此同时，美国和欧盟也展开了TTIP（跨大西洋贸易与投资伙伴协议）谈判，这项谈判可能带来的潜在收益，被欧盟视为欧洲复兴的一个重要契机。与此同时，涉及50多个成员国的TISA（国际服务贸易协定），也覆盖了全球服务贸易规模的75%。

TPP、TTIP、TISA等新型贸易规则，一度将主要发达经济体美、欧、日悉数囊括其中，成为全球贸易规则碎片化的最重要体现。不过，伴随着2016年年底美国总统大选的戏剧性结果，上述碎片化趋势经历了一系列自我否定，并在碎片化的道路上走得更远。2017年1月20日，美国总统特朗普在就职第4天即签署行政命令，正式宣告美国从TPP协定中退出。同时，特朗普政府发出信号，美国将从多边框架下的贸易协定转向双边贸易的谈判。就在几乎同一时期，TTIP也遭遇了相同的命运。美国的退出，使得TTIP和TPP这些碎片进一步碎片化。TPP成员国各寻出路，有的继续推动剩下11个成员国努力善终，有的考虑将重点转向RCEP（区域全面经济伙伴关系），甚至有的成员国考虑拉中国加入，等等。

不论是TPP还是TTIP，美国退出导致这些多边贸易谈判面临较大不确定性。但是，有一点是确定的，由于上述贸易标准都具有高规格特征，即使美国退出，大部分新兴市场国家在短期内也难以加入其中。即便能够加入，也需要付出较高的代价。也就是说，这些碎片碎了就碎了，中短期内难以看到对其他成员国的扩容和整合。

与此同时，RCEP、日本—欧洲自贸区、中日韩自贸区等更多的超大自贸区也正在酝酿当中。除了传统贸易形式之外，跨

全球经济和中国经济：穿越无人区

境电商的贸易规则也正处于探索当中，2016年B20论坛上，阿里巴巴提出的e-WTP为全球跨境电商的贸易规则提出了一个蓝图，受到了广泛关注。但是，作为新的商业模式，跨境电商对传统国际贸易带来了利益的再分配和行业格局在全球范围内的再洗牌。相应地，其多边或全球规则的建立虽然有助于推动国际贸易体系的全球化，但这也必将是一条充满坎坷的道路，尚需时日。

国际生产网络正面临重新洗牌

从国际直接投资体系本身来看，该体系长期以来一直缺乏全球层面的整体协调，甚至是一地鸡毛。现在全世界有3000多项区域的或者双边的投资协议，而且每周还在新增加3个双边协议，而这些协议都缺乏统一的全球规则。

同时，国际贸易规则体系的碎片化，也在通过两个渠道影响着全球生产网络的重构。第一，一些超大自贸区协定实际上也直接或间接包含了对国际直接投资体系的规则设定。第二，贸易壁垒的相对变化，也将影响到国际直接投资的方向。虽然TPP的楼已经歪了，但是不妨以其为例，来看看其对国际直接投资，从而对国际生产网络产生影响的两个潜在机制。

乔治敦大学的Theodore Moran和美国彼得森国际经济研究所的Lindsay Oldenski于2015年6月发表了一篇文章，指出了

TPP协定将在两方面对企业投资行为产生影响：其一，TPP本身的一些重要议题，就服务于改善投资环境、减少投资障碍。例如，改善对知识产权的保护，取消服务业的投资壁垒，增强管控政策的透明度和一致性，这些都将有利于增加TPP成员国之间的直接投资。尤其对于美国而言，其高附加值的研发部门会吸引外商直接投资，从而帮助美国创造更多更好的工作机会。

其二，成员国内部贸易壁垒的减少、消除，有利于TPP成员国获得更多的直接投资。举个例子，如果美国汽车公司要在东亚增加产能投资，这时候它将可能考虑越南，而不是中国。不仅对美国企业是这样，对TPP之外国家的企业，比如欧洲国家，甚至中国的企业来说，也是如此。

2014年，美国科尔尼管理咨询公司曾经对跨国企业做过一次问卷调查，结果显示：53%的被调查企业家认为，TPP的实施将会影响到他们的投资决策；另外还有22%的企业家则表示，TPP这个远景实际上已经影响到了他们的投资决策。跨国公司是国际贸易、国际投资的行为主体，它们的行为改变，将在中长期对全球生产网络布局产生重要影响，并可能重构现在的全球价值链体系。如果考虑到TPP的连锁反应，则这方面效果将进一步得到放大。总之，投资是新增的产能，如果新增的国际产能布局在全球发生了变化，那么国际贸易流也会发生变化。

全球经济和中国经济：穿越无人区

随着美国的退出，TPP协定对全球生产网络的冲击也将大幅减少，但是全球贸易体系碎片化的趋势并没有缓解，甚至更趋碎片化。在此背景下，更为碎片化的国际贸易机制不但将通过前述两个机制来对国际生产网络产生冲击，而且还将额外地给国际直接投资带来更多的不确定性。

此外，以德国西门子为领衔的工业4.0，以美国通用为主导的工业互联网，正在分别构建欧洲为中心、美国为中心的两大工业生产体系。而在2016年3月，上述两方宣布正式合作，并积极启动了对接。在欧美积极重构世界工业生产体系的同时，2015年6月，日本政府也提出了"重振制造业"的战略目标。与此同时，具有官方背景的日本贸易振兴机构（JETRO），其自身定位也正在从"致力于推动日本企业出口和对外投资"，悄然转向成为一个招商引资的机构。

国际金融体系也在走向碎片化

IMF（国际货币基金组织）是国际金融体系最重要的公共产品提供者，事前监测、事后救援是其两大功能。2008年金融危机之后，英国女王曾经质疑"为什么经济学家没能预测到金融危机"？而国际社会则质疑，作为专业能力最强、拥有政策和市场信息最为全面的IMF，为什么没能预测到金融危机？个中原因当然复杂甚至微妙，但是无疑，IMF的监测功能确实出了问题。

此外，IMF事后救援的功能也面临心有余而力不足的境地。一方面是前所未有的金融危机，欧洲的经济体都纷纷落水，救援所需的资金都是天文数字；另一方面IMF调动资源的能力受到限制，急需增资扩盘。但是IMF就像是一家股份公司，美国作为最大的股东，受困于国内财政状况和国会政治的掣肘，难以在增资过程中慷慨解囊，因此增资就有可能稀释其股份和话语权（事实上增资过程中欧洲国家作出的让步更多）；而如果无法获得增资，IMF就难以在危机救援当中发挥更大的作用，IMF在国际金融体系中的作用就会被削弱。

事实上，2010年提出的IMF增资改革方案，虽然在其他国家均获批准，但是唯独在美国国会遭遇多年阻滞。甚至此后多年中，G20会议频频发布公报，公开敦促美国尽快通过IMF增资改革方案。直至2015年年末，美国国会才以一系列附加条件为前提，悻悻地通过了这一改革方案。尽管如此，以IMF为核心的国际金融体系改革仍然存在明显的滞后。

在此背景下，2011年11月欧债危机肆虐之际，美国、欧元区、英国、日本、加拿大、瑞士，这6大央行达成了为期两年多的货币互换协议。2013年11月，该项协议更是被升级成为长期限、无限额的货币互换协议。通过这项货币互换协议，其他5个经济体可以随时获得所需的美元流动性，对本国外汇市场进行稳定性干预、应对短期外汇市场压力。这在后来美联

全球经济和中国经济：穿越无人区

储宣布退出 QE，以及再后来美国进入加息通道的过程中，实际上为其他 5 个经济体提供了金融安全的一种保证和支持。

这种货币互换协议，是一种局部性的金融安全网，在一定范围内取代了 IMF 的救援职能（甚至可能更为有效）。但是，绝大部分新兴经济体和发展中国家也同样被排除在这一体系之外。

弱者之间也在抱团取暖，发展中国家和新兴经济体之间的合作，使国际金融机制产生了更多的碎片。比如，各个新兴经济体近十多年来都在通过贸易和投资的渠道，拼命积累外汇储备，为本国的外部金融安全提供"自我保险"机制；再如，东盟 10 国加上中、日、韩，也就是"10+3"平台上的"清迈协议多边化"，以及相应的外汇储备资产池；又如，在金砖国家平台上，金砖银行也有类似的应急资金储备池；等等。

在后面这些碎片的背后，既有对 IMF 无法充分、有效发挥作用的无奈和感慨，也有作为国际金融体系边缘化或外围国家所体会到的无力感。

新形势下中国的对内改革和
对外开放将推动再全球化

从外部环境来看，20 世纪 70 年代末中国开始改革开放的时候，世界经济正处于全球一体化的热潮之中。中国的对外开放政策顺应了当时的历史潮流。在中国向世界打开大门的同时，世界也在拥抱中国。而目前，外部环境面临更多的去全球化、碎片化的挑战。在这样的背景下，中国打开大门的同时，会发现全球经济正在各扫门前雪，有的邻居还关上了窗户，甚至还有的人在考虑关门。这时候，简单重复20世纪70年代末的对外开放政策，未必有相同收效。

中国是过往30多年全球化红利的得益者，也应当继续推动经济全球化，避免进一步的碎片化。在这样的背景下，中国不但要继续推动自身开放，而且还要主动走出去、去敲敲窗户、敲敲门。在国际舞台上，中国已经初步具备了这样的影响力，来推动多边一体化的机制。近些年来，中国在这方面也已经取得了不少成果。

此外，通过市场的力量，中国还可能从需求、供给两个方面推动经济的全球化，并在其中获得更加重要的位置和利益。首先，从需求端来看，中国正在推进的改革，将健全社会福利体系、缩小收入差距、提高劳动收入在国民收入分配中的占比等，这些因素都将有助于激发国内的消费需求，促进国内消费市场规模的扩大。而中国国内市场消费需求的升级和释放，将为全球经济提供最大的最终产品销售市场，在国际贸易规则充斥着去全球化噪声的背景下，这是维系全球化尤其宝贵的动力之一。

其次，从供给端来看，中国的对外直接投资蓬勃发展，也

全球经济和中国经济：穿越无人区

将从供给面改善其他经济体，尤其是新兴经济体的增长潜力。近年来，中国在全球对外直接投资当中的地位迅速上升：2015年，中国对外直接投资实现连续13年快速增长，达到1456.7亿美元，首超日本成为世界第二大对外投资国。2016年，中国企业对外直接投资更是达到了1701.4亿美元。2004年，中国非金融类对外直接投资存量仅为448亿美元，而在2015年，这个存量已经达到9382亿美元。2017年，中国对外直接投资出现稳中趋缓的迹象。不过，随着"一带一路"倡议的稳步推进，在海外投资领域，中国企业的身影将更为活跃。

在不远的未来，如果我们尚能够看到世界经济重拾全球化的趋势，那么其中一种可能性将来自中国：中国的国内经济改革，将在需求端为其他经济体提供新的大市场；中国在新时代的对外开放和走出去蓝图，将在供给端通过直接投资改善其他经济体的潜在增速水平。因此，中国将有望在世界经济的再全球化中扮演关键的历史性角色。而这一角色的实现，也将使得中国国内经济改革，与外部经济环境的塑造进一步深度契合，为中国在战略机遇期的内、外经济政策提供统一的战略框架。

(本文写于2017年9月)

货币政策无人区：
欢迎来到负利率时代！

2015年12月，美联储开启了新一轮加息周期之后，截至2018年1月，美联储已累计加息6次。不过与之形成鲜明对比的是，日本央行仍然维持着负利率的货币政策，而欧洲央行对于退出负利率货币政策也相当谨慎。那么负利率时代是即将结束，还是刚刚开始呢？

负利率：见证历史

在任何一本经典的教科书当中，我们都难以找到关于货币政策负利率的描述。这不是经济学家有意地忽略，而是因为这超出了他们的想象力（当然，也可能是压根就觉得不重要）！

即使在《经济政策：理论与实践》这本堪称最接地气、最理论结合实际的教科书当中，四位具有深度参与政策背景的法国经济学家，也只是用了非常有限的篇幅，在某页的脚注对负

全球经济和中国经济：穿越无人区

利率给出了这样的说明："短期利率为负，意味着银行向储户按存款比例索取部分费用。实际上，这种情况只有极为罕见的几个例子——例如，20世纪90年代的日本，21世纪初的瑞典——但是，这些负利率的影响也是微不足道的，因为存钱的人也可以选择将现金放在自己手里。"

2016年以来，日本央行在1月末意外宣布负利率政策，欧洲央行也在量宽一年之际如市场所期待的再度升华了负利率政策。除此之外，瑞典、瑞士、丹麦也早已沦陷为负利率国家。负利率国家的版图不断扩大，负利率程度也在逐步升级，负利率也从商业银行在央行的存款进一步蔓延到银行间市场和国债市场，更多的国家在酝酿减息或者是研究负利率。我们能见证这样一个奇葩的时代真是有幸，但同时也不幸，要面对更多的不确定性。

没有现成的教科书、没有现成的理论框架，有人说黑田东彦是在冒险。但是，他不冒险还能做什么？孤注一掷倒真的可能带来转机。但是这样做有什么后果？经济学家的心里并没有底。在安倍刚刚放出三支箭、推出超级量宽之后，曾任奥巴马经济顾问委员会主席的 Christina Romer（没错，她的丈夫就是美国加州大学的 David Romer）就坦言："我并不清楚日本的实验会否奏效，但是从他们大胆尝试中，我们将会学到很多东西。"现在黑田在超级量宽的基础上又祭出了负利率，那这就是一个更为大胆的实验和尝试。

为什么要祭出负利率大招？

虽然经济学家都没想明白，但是决策者都没那么有耐心，而民众看起来也没那么有耐心。不过经济学家还是有贡献的，他们虽然还没有来得及搞清楚负利率的危害，但是大部分人都认为通货紧缩是坏的——尽管并不是所有经济学家都认同这种观点，例如，有的人认为首先应当区分通货紧缩的原因，是由于需求萎缩带来的，还是由于供给成本减少带来的，后者就是好的通货紧缩。

觉得通货紧缩有害的理论观点认为：其一，在劳动力市场上，降工资总是困难的，工资向下调整的阻力很大，劳动合同也很少考虑工资向下调整的情况。这时候，温和的通胀就有助于调整实际工资。

其二，在商品市场上，如果企业发现自己的产品价格一直在下跌，那么企业首先会对自己的产品销路产生担忧，并影响企业进一步扩大生产规模。对于高负债的企业来说麻烦就更大，通货紧缩意味着实际利率的上升，企业偿付债务的负担将会上升。

其三，对于银行而言，假定零利率是下限，那么伴随通货紧缩出现的将是超低利率，在整体利率水平就很低的情况下，存贷款利差更小，这时候银行的贷款热情也会减少。与此同

全球经济和中国经济：穿越无人区

时，在通货紧缩以及伴随低利率的背景下，因为金融资产（比如债券）的收益无法覆盖其风险，这时候，投资者将选择更多地持有货币——这就是流动性陷阱，货币政策将面临失效的可能性。

既然负利率的病理和负作用并不清楚，而通货紧缩的负作用如此明确，那决策者就要坚决打掉通货紧缩的恶性循环。对于欧洲央行和日本央行而言，它们就是要搞负利率，就是要把通胀率做上去。为此，这些央行尝试了各种名目的数量宽松。克鲁格曼曾经犀利地指出："日本央行要做的，就是要让大家相信，它是不负责任的！"直升机上撒钱都不能让大家相信它的不负责任，那就对存款征收罚款（当然，目前日本的情况只是对商业银行在央行的一部分存款征收利息，而不是对居民）。

同时，日本央行的负利率政策还另有苦衷。2012年年末安倍上台以来，持续的超级量宽目的无非就是压低利率，从而提高市场的预期通胀率。为此，日本央行已经大举购买政府国债，央行资产负债表已经从2012年年末的160万亿日元，扩张到了现今的380万亿日元。资产负债表的扩张，基本都是通过日本央行印钱购买国债来实现的，目前国债余额已经占到央行资产负债表的85%。

另外，日本央行购买的国债已经占到整体国债余额的1/3左右，而日本央行购买的国债，主要来自商业银行的减持部分,那么购买国债的计划能否继续延续下去,很大程度上也取决于商业银行是否配合。一方面是央行资产负债表的扩张严重依赖于国债,国债价格被央行强行抬升,那么央行退出这种干预的风险越来越大,只能一路走到黑;另一方面是商业银行资产配置当中,除了国债也没有更好的选择——日本央行越来越接近无债可买的境地。在这种情况下,日本央行的目的很明确,超级量宽不就是为了压低利率、推升通胀预期吗?数量宽松的软干预不行,那就来硬的,直接负利率!

欢迎来到负利率时代的普通青年、文艺青年和其他青年:无处安放的青春,是转瞬即逝的美好,负利率的后果,则是无处安放的货币,一个让人心慌的问题。近两年以来欧元区的负利率试验,以及三年多以来日本超级量宽的试验,都为我们提供了一些初步的观察,让我们一起关注《负利率政策的无人区:在海边玩耍的那些央行》。

提到的书:《经济政策:理论与实践》

作者:阿格尼丝·贝纳西-奎里、贝努瓦·科尔、皮埃尔·雅克、让·皮萨尼-费里。布兰查德(Olivier Blanchard)为该书撰写前言,他评价道:"我也很想写一本理论与实际政策能够紧密结合的教材,我觉得和 Stan Fischer 一起编写的研究生教材,可能向读者传递了一种错误的信息:理论在很大程度上是脱离实际的。而《经济政策》的四位作者,他们已经抢先

全球经济和中国经济：穿越无人区

完成，并且他们的这本书，已经超出了我想写的那本。"该书由徐建炜、杨盼盼、徐奇渊良心翻译，已经于2015年年末由中国人民大学出版社发行。

（本文写于2016年3月）

负利率政策的无人区：
在海边玩耍的那些央行

引 子

这篇文章刊于 2016 年 3 月 21 日。到 2018 年年初，实际情况比 2016 年更为乐观。文章提到负利率政策在当时成效差强人意，而目前日本经济、欧洲经济的总需求指标，特别是通胀率已经获得了抬升。但这是不是主要来自负利率政策的贡献，尚有争议。不过，负利率货币政策在人类历史上第一次大面积出现，这也不会是最后一次。因此，文中关于负利率的一些探讨，例如"负利率有没有底""负利率的不对称冲击""负利率的潜在风险"，这方面的讨论仍然不会结束。特此说明。

对于负利率政策（这里是指负的名义利率），纽约联储的副主席 James McAndrews 给出了一个形象的比喻：从海边的沙

全球经济和中国经济：穿越无人区

滩上，你一步步地走进水里，随着向深水迈进，你的每一步都会感受到越来越大的阻力。从正利率向负利率的深水区迈进，两者的差别，也正是这样一种情况。零利率的下限就是海平面，从踏入海平面开始，央行的利率政策就将注定——面临越来越高的成本和阻力！2014—2016年前后，丹麦、欧元区、瑞士、瑞典、日本的央行，已经忍受不了沙滩上的煎熬，相继下水。

负利率的效果差强人意

欧洲央行在2014年6月启动负利率政策。其正面效果主要体现在：欧元显著贬值、贸易竞争力有所增强，显著减轻了欧元区各国政府的债务成本，消费者信贷以及消费需求也有所增强。

但是作为负利率最重要的两大目标，通胀率和固定资产投资，情况则不容乐观。首先，欧元区的通胀率水平仍远低于目标水平。2016年2月，欧元区通胀率甚至进一步落入-0.2%。同时，市场对通胀的预期也进一步萎缩、恶化。另外，当期的投资将形成下一期的供给能力、提高未来的潜在增速，但是欧元区的投资信贷和投资规模只有微弱改善，且实际投资的规模仍然大幅度低于危机前的水平。2016年1—2月欧元区的投资规模，比2011年同期低7%左右，比2008年同期则下降超过15%。

日本的负利率政策效果如何？三菱东京日联银行的研究结果显示：受制于日本面临的一些结构性问题，即使日本的负利率政策能够使实际利率出现下降（实际上这也不是必然的），日本的投资、出口、消费也难以出现明显改善。

负利率有没有底？

传统意义上，零利率本身就是不可突破的下限。如果利率低于零，那么存款者就会取出钱，放到自己的保险箱里。不过保管大量现金会带来各种麻烦：太沉不好拿，太多不好数，还要防火防盗防什么的云云。所以，只要负利率带来的成本，能够低于这些保管现金的成本，那么零利率的下限就可以突破、负利率就可以实现。不过即便如此，负利率也仍然具有下限，不能超出现金保管的成本率（这个成本率其实也相当有限）。

但是一些经济学家也探讨了突破负利率下限的可能性，比如哈佛大学的 Kenneth Rogoff、美联储经济学家 Marvin Goodfriend（他曾经在上课时讲了一句名言，正是因为真实经济周期理论当中没有货币，我们才能看清楚货币的作用）等。他们都曾研究过以各种形式取消或者限制现金流通的可行性，实际上各国央行也都在研究电子货币。如果消费者无法持有现金，那么负利率的下限空间就会得到大幅拓展。不过目前来看流通中的现金还难以取消,所以这种情形还只是一种可能性。

负利率的不对称冲击

一个现实的问题是:对不同的人而言,现金保管成本并不一样。而且,这种成本具有显著的**规模不经济**特点——钱越多,保管起来越麻烦、成本越高。所以,尽管中央银行对商业银行的准备金(这些准备金必须存在央行账户上)可以征收负利率,但商业银行是否能对所有的储户征收负利率,这种传递效应就要区别对待了。对普通储户而言,现金的保存并不是太大的问题,同时他们可能更加看重负利率带来的成本,而较少考虑自己管理现金的潜在成本。因此,负利率难以传导到普通储户身上,从这个角度而言,负利率空间就非常有限。

但是对大机构和各路土豪而言,他们保管现金的成本太高,所以相应地,对负利率的容忍度要大得多。作为一个心理的临界值,负利率的传递效应在零售市场和批发市场完全不同。对于这种不对称的传递效应,央行也是小心翼翼地进行试探。所以央行在对银行准备金征收负利率时,只是在边际上对银行准备金征收负利率,而不是针对全部存量。例如在日本央行初次宣布的负利率政策当中,适用于负利率(-0.1%)的超额准备金当时只有10多万亿日元,而其他绝大部分的经常准备金（约212万亿日元），则仍然维持正利率（+0.1%）。

现金保管的规模不经济，从根本上导致了负利率在批发市场和零售市场的传递效应不同。这也就是为什么直到目前为止，欧元区、日本的负利率仍然局限于银行间市场、国债市场等批发市场，而在零售市场上的存款利率仍然为正。

另外，市场是聪明的，金融家会发明各种节约成本的金融创新。例如，成立一家机构、冠以新的名字（比如贵宾保险箱），为大客户提供现金保管、支付等服务。而互联网金融则为我们创造了更为广阔的想象空间。在此背景下，**随着时间的推移，负利率效果也将出现递减性质**。在此情况下强推负利率，只能导致金融市场的加速脱媒。

另外一个相关的问题是：负利率政策下，银行盈利情况会否恶化？这主要取决于银行将负利率传递给储蓄者和借款者的能力。在经济前景不明、贷款需求疲弱的背景下，银行只能将负利率的成本传递给储户，尤其是批发市场上的储蓄机构。但是后者的容忍度也是有限的。反过来作为一个中间变量，银行盈利情况的恶化，也会对负利率政策形成一个直接的下限约束。

负利率风险渐行渐近

负利率正在催生金融资产价格泡沫，尤其是高风险资产的

全球经济和中国经济：穿越无人区

价格泡沫。2015年年末，总部在荷兰的ING集团曾经对15个国家的13000位储户进行调查，他们发现：对于负利率政策的反应，只有约12%的人表示会增加消费，45%的人表示会提取现金自己保管（这些储户通常是储蓄规模较小的），另有43%的人表示将会增加其他金融投资（例如股票、债券等）。这表明，一方面负利率政策带来的消费刺激效果比较有限，另一方面，更多的资金将会涌向风险资产，从而进一步推高风险资产的价格。对机构投资者而言，显然后一种效果更将占据主导地位。

在欧盟对商业银行的审慎监管框架当中，所有以欧盟主权国家债券形式持有的银行资产，其风险权重一视同仁地被定为0。也就是说，银行持有相同的国债资产，其中是德国债券多一些还是意大利债券多一些，其风险评估并没有区别，反倒是持有意大利债券多一些还能带来更多的收益。在此背景下，负利率政策加速将市场资金推向了长期端、较高风险的债券。

2016年3月10日欧洲央行宣布加码负利率政策之后的次日，法国、西班牙、意大利10年期国债与德国10年期国债的利差，分别下降了10、10和18个基点。在2014年6月6日欧洲央行宣布启动负利率政策的前后，这些利差的降幅更大。目前，这些利差水平已经逼近2008年年末、欧债危机全面爆发前夜的状态。而众所周知，欧元区国债市场的定价失灵、收益率趋同，是欧债危机爆发的直接原因之一。国际清算银行副总裁 Hervé Hannoun 在 2015 年 4 月就指出了负利率的这种潜在风险。

黑白之争

日本央行行长黑田东彦笃信货币的力量，而他的前任白川方明是一位学者型官员，20 世纪 70 年代在芝加哥大学有五年的求学经历，深受货币主义学派的浸染。不过安倍最终在黑、白当中选择了黑。

白川卸任之后，有一次在美联储的会议中这样讲道："通过降低利率，货币政策可以透支明天的需求。但是到了明天，就得再透支后天的需求。"也就是说，出来混，总是要还的。这话不仅是送给黑田，也是送给欧美各国央行的。或许有一天，当潮水退去的时候，你会发现，一直在裸泳的不只有激进的投资者，还有那些在海边玩耍的央行！

主要参考文献：

1. Fadi Hassan，"One Year of Quantitative Easing"，*Economics Special*，Uni Credit Research, 8 March 2016.

2. Hervé Hannoun，"Ultra-low or Negative Interest Rates：What They Mean for Financial Stability and Growth"，Bank for International Settlements,

at the Eurofi High-Level Seminar, Riga, 22 April 2015.

3. ING, "Negative Rates, Negative Reactions", *ING Economic and Financial Analysis*, Dec, 2015.

4. McAndrews James, "Negative Nominal Central Bank Policy Rates—Where is the Lower Bound?", Federal Reserve Bank of New York, speech at the University of Wisconsin, 8 May, 2015.

5. Morten Bech, Aytek Malkhozov, "How Have Central Banks Implemented Negative Policy Rates?", *BIS Quarterly Review*, March 2016.

6. 日本综合研究所宏观经济研究中心：《日本经济观察》2016年3月。

7. 三菱东京日联银行：《日本负利率政策的效果以及传导机制》，《日本经济观察》2016年第47期。

（本文写于2016年3月）

国际货币体系的历史区：
美国和大债主沙特的历史纠葛

引 子

历史上，沙特曾经是美国国债的第一大债主。为此，美国和沙特之间也少不了一些历史纠葛。中国和美国之间何尝不是如此。由于中国政府以外汇储备的形式持有了大量的美元资产，而这些美元资产的安全、保值问题，触发了中国的学者、决策者对人民币国际化、国际货币体系改革等诸多问题的思考。展望未来，中国和美国之间的债权债务问题的纠葛，可能出现新的矛盾形式。对中国而言，这可能是一种进入"无人区"的挑战。不过，在"历史区"当中，我们还是可以找到美国和沙特曾经的纠葛与其中的秘密。

2016年5月16日，美国财政部首次公布沙特持有美国国债的细节。数据显示，截至当年3月，沙特共持有1168亿美元

全球经济和中国经济：穿越无人区

美国国债，占美国国债境外持有总额的1.86%。这也是40多年来，美国财政部第一次公布沙特持有美债的情况。

一个自然的疑问是，40多年前发生了什么，为什么美国财政部替沙特保守了近半个世纪的秘密？让我们一起回到20世纪70年代，重温美国和沙特的这段历史默契。

借助沙特应对两大赤字

1973年10月6日，第四次中东战争爆发。10月19日，由于对尼克松要求国会向以色列提供22亿美元紧急军事援助不满，阿拉伯石油生产和输出国组织（OPEC）向西方国家发起石油禁运，这引发国际石油价格急剧攀升。到1974年1月，受禁运和战争影响，国际油价从战争前夕的每桶2.9美元迅速上升至每桶11.65美元，上涨超过4倍多。尽管石油禁运在1974年3月即宣告终止，但是油价并没有出现回调迹象，反而如脱缰野马，难以控制。

石油价格的上升令石油出口国赚得盆满钵满。1980年，阿拉伯石油生产和输出国总计出口达到2100亿美元，其中97.7%来自石油出口收入，而在10年前，这些国家的出口总共仅有98亿美元。贸易盈余也在迅速增加。据统计，1974—1981年，OPEC成员国整体经常账户盈余累积超过4500亿美元，其中90%的盈余来自阿拉伯国家。一夜之间，阿拉伯成为

国际货币体系的历史区：美国和大债主沙特的历史纠葛

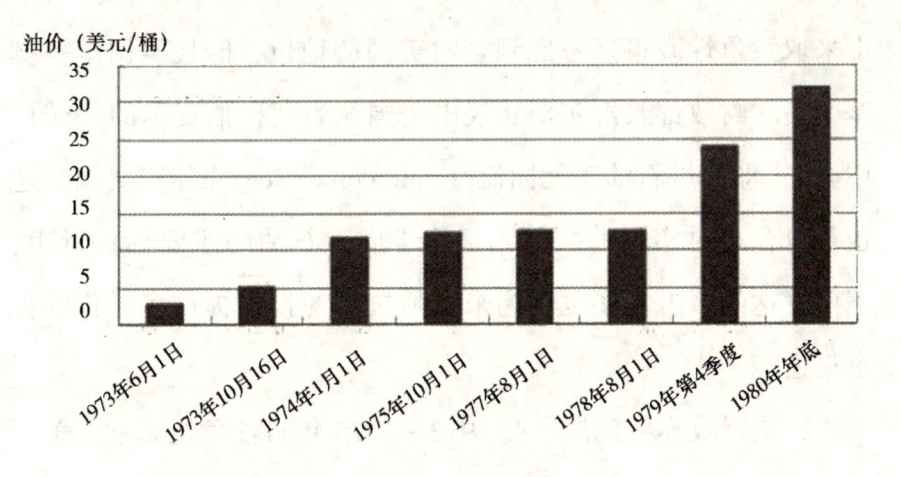

图1　20世纪70年代油价走势

数据来源：Sadik（1984）。

世界财富的中心。

几家欢喜几家愁。就在中东富得流油的同时，美国经济却焦头烂额。此时，摆在美国政府面前至少有两件事要解决。

一是经常项目赤字问题。由于进口石油价格上升，美国以及其他工业化国家出现严重的贸易逆差。但是此时美国政府意识到，各工业化国家应该加强彼此协调，而不能放任某一国采取单方面行动促进贸易账户调整，否则将会招致各国采取以邻为壑政策，从而导致大萧条的悲剧重演。

然而，由于石油出口国无法在短期内增加进口能力，贸易平衡在短时间内恐难以实现。因此，问题的重点转移到如何促进石油出口国累积资本的回流上，即工业化国家以资本项目顺差来弥补贸易项目逆差。但是各国依然应防止在资本项目政策

全球经济和中国经济：穿越无人区

上采取竞争性政策。考虑到当时美国的地位，时任美国国务卿基辛格和财政部长舒尔茨建议由美国充当阿拉伯资本的"转口中心"，即促进石油美元回流（Petrodollar Recycling）美国。这也是符合当时实际的。美元正逐步成为石油的主要标价货币，美国发达的金融市场也可为来自阿拉伯的投资提供多样化的投资渠道。

二是财政赤字问题。受1973—1975年石油危机影响，美国财政负担日益加重，1975年和1976年美国联邦政府财政赤字占GDP的比例分别为3.3%和4.1%，为第二次世界大战以来最高水平。为解决这一问题，要求美国政府要么缩减公共开支增加储蓄，要么吸引外国投资。不难理解，争取石油出口国资金为美国政府融资无疑成为最优选择。

因此，通过吸引中东资金回流美国国债市场，将在不同程度上解决美国的两个赤字问题。

为什么要保守秘密？

针对石油美元回流，美国同中东石油出口国展开了密集的磋商，其中，沙特无疑是其最为重要的争取对象。

1974年6月，沙特王储法赫德访问美国，宣布建立沙特—美国联合经济合作委员会。紧接着同月，尼克松访问沙特、埃及和以色列。但由于受水门事件影响，尼克松就美元回流问题并未同沙特进行更多的细节磋商。同年7月，刚刚接替舒尔茨担任美国财长不久的西蒙开启了中东访问之旅，在沙特，其最终与沙特阿拉伯货币管理局（SAMA）就石油美元投资美国政府债券达成"附加安排"（Add-on Arrangement）。

根据安排，沙特货币管理局将在美联储债券拍卖程序之外进行债券购买，但是其价格却为拍卖的平均价格，这实际上给予沙特购买美国国债一个优惠价格。美联储在每次拍卖之前首先询问沙特货币管理局的购买意向，随后将其购买数量减去并进行拍卖，确定好价格之后再卖给沙特。1974年12月，沙特货币管理局就未来6个月内购买25亿美元债券同美联储达成首次协议。协议明确要求，必须保密。

对沙特来说，保密理由很简单，任何一个投资者都不想被外界知晓自己的投资策略。沙特货币管理局规定，机密性是其投资决策必须服从的三项标准之一。与此同时，对美国来说，协议保密也是为了满足国内的要求。当时国会认同的观点是，"美国支持国际资本跨国间的自由流动，如果这种资本流动将会最大化所有国家收益，不应人为设置障碍或不当激励造成扭曲"。因此在1975年，当美国财政部试图发行一种专门针对沙特的特殊债券时，财政部法律顾问直接判定这一行为违法，而不得不作罢。在附加安排中，美国财政部甚至提出可向沙特出售不可流通（Nonmarketable）债券，这被认为是对沙特的特殊激励和诱惑，这种歧视性的安排一旦公布将不会得到认可。

附加安排很快就起了作用。没过几周，沙特以及其他阿拉伯国家开始购买美国国债。至1977年第四季度，沙特持有的美国国债已经占到外国中央银行持有美债总额的20%，而中东石油出口国持有的美国国债占其对美国投资的比例，也从附加安排开始时的43%提到了1977年年底的65%。沙特在其中持有的比例高达90%，成为这一计划的关键核心。

为什么要坚持保守秘密？

1977年，詹姆斯·卡特就任美国第39任总统，秉持多边主义倾向的官员陆续加入卡特政府班底，这对当时的美元回流政策造成一定的影响。如当时主管经济事务的副国务卿理查德·库珀认为，财政部不应再热衷于沙特资金的回流，在他看来，市场机制在这方面运行良好，同时其也督促国会批准授权国际组织在其中发挥更大的作用。

在此背景下，1978年8月，财政部陆续收到国会参众两院不同委员会以及政府其他部门要求公开沙特投资美国国债的信息。例如，美国经济分析局（BEA）曾向财政部提出要求，如果不公布沙特、科威特、伊朗等国资本流入的信息，就无法编制美国的国际投资头寸表。但是财政部顶住了压力。在同年美国财长和沙特财长的双边会晤中，美国财长布鲁门特尔再次承诺将会对沙特的投资细节进行保密。

由于沙特持有了大量美元资产，美国也担心一旦信息公开将会对沙特造成刺激，从而对美元地位和国际金融市场造成冲击。1978年9月，一家美国媒体援引中央情报局（CIA）的信息报道苏联将部分美元资产转化为德国马克资产，引起财政部的不满，担心据此会对沙特持有的美元资产造成不良影响。中央情报局对此进行了解释，但其也不无担心地指出，如果沙特政府将积累的美元资产作为政治武器使用，将不可避免地引发国际金融市场动荡。据说，1979年夏天，美国国务院官员曾受到沙特政府高级官员的威胁，如果美国公开石油输出国的投资数据，他们会将资产转移至他国。

没有永远的朋友，只有永远的利益。遥想布雷顿森林体系解体之时，美国政府力排众议，联合沙特、借助石油，使得美元得以保留在国际货币体系中的核心地位，当时沙特的地位多么显耀。而今天，美国财政部之所以敢于公布沙特持有美国债券的情况，一个重要的前提是沙特在整个美元体系中的地位已经今不如昔。

回顾历史总是让人唏嘘，美元还是美元，沙特却已经不是那个沙特了。

全球经济和中国经济：穿越无人区

主要参考文献：

1. Ali Tawfik Sadik, "Managing the Petrodollar Bonanza: Avenues and Implications of Recycling Arab Capital", *Arab Studies Quarterly*, Vol. 6, No. 1/2 (Winter/Spring 1984), pp. 13 - 38.

2. David E. Spiro, *The Hidden Hand of American Hegemony-Petrodollar Recycling and International Markets*, Cornell University Press, 1999, Chapter 5.

（本文写于 2016 年 5 月）

国际货币体系中的
法兰西艺术气息

引　子

　　1944年7月，在美国新罕布什尔州的布雷顿森林召开的会议，确定的国际货币金融体系大格局，一直延续至今。在这次会议上，英国的"凯恩斯计划"和美国的"怀特计划"为人所熟知，并且被写入了教科书当中。而大家似乎忘记了法国人提出的"戴高乐计划"。这篇文章将解释，法国方案的精髓是什么，为什么没有被接受，以及当前的国际货币金融体系中，在哪些地方仍然沾染上了法兰西的艺术气息。不言自明的是，这对于理解当前的国际货币金融体系，以及探讨未来，都会有一定的启发意义。

　　1944年7月，布雷顿森林会议召开，这场会议将决定战后的国际金融体系格局。英国财政大臣凯恩斯、美国财长怀特给出了各自的计划。作为经济学家，凯恩斯身为后者的男神，但是两国实力相差悬殊，会议仍然确立了以美元为中心的布雷顿森林体系。

第二次世界大战之后的国际金融体系，似乎一直是美国在唱主角，顶多再加上英国作为配角。然而很少有人注意到，在布雷顿森林会议上，法国人也提出了周密的计划。不过，美国主导的国际货币体系当中，似乎缺乏法兰西的艺术气息。

但是，为什么20世纪60年代美元—黄金本位的布雷顿森林体系会加速崩溃？为什么特别提款权叫作"提款权"——这个不伦不类的名字，而不直接叫作"储备单位"？要想回答这些问题、理解现今的国际金融体系，我们就得重温一下布雷顿森林会议上的"法国计划"。

不得不说，法国的这个计划充满了艺术气息

为了准备这个计划，戴高乐总统在伦敦召集了一批专家作为外援。以此为基础，在法国财政部的支持下，戴高乐的经济顾问 Hervé Alphand 和法国布雷顿森林会议代表 Jacques-André Istel 提出了名为《关于国际货币关系的建议》的"法国计划"。

与"凯恩斯计划"和"怀特计划"相比，"法国计划"有很多不同，但其最大特点在于：更加强调黄金在国际货币体系

中的基础性作用。相反,"凯恩斯计划"和"怀特计划"都并未将黄金置于最核心位置:凯恩斯更多强调国际货币"班柯"(banco),指出国际社会需要这个国际货币工具,以使各国免于采取措施来阻碍国际收支交易和双边清算;怀特则借机提升美元地位,在他眼中,黄金只不过是美元与其他国家货币的联系纽带,美元才是国际货币体系的中枢。

然而"法国计划"认为,黄金仍应是未来的国际货币,国际货币体系应当回归国际金本位制。但是法国的计划也不是百分之百的浪漫主义,伦敦金融家的参与为之注入了务实的元素。考虑到当时的实际情况,"法国计划"并不打算一步就回到国际金本位,而是提出先建立一个较为松散的金本位制:

第一,各国货币实施固定汇率,只有经过各国磋商才可以改变汇价。这一点,其实和美国计划的"双挂钩体系"具有一致的成分,也就是黄金与美元挂钩,同时其他货币汇率与美元挂钩。但是法国计划更加强调,应该由黄金作为各国的国际储备资产和国际结算手段,而不是美元。而且除了黄金之外,其他金本位制国家的货币也都可以充当国际支付手段。

第二,各国可以持有其他成员国货币,并使用其进行国际交易和支付,以充实国际流动性。一国持有的外币可以用来进行国际收支结算,例如购买该国商品与服务、支付利息红利等,同时也可以将所借外币出售给其他成员国。

第三,为避免 A 国持有 B 国货币出现汇率风险,B 国需要

全球经济和中国经济：穿越无人区

向A国提供一定比例的抵押物，比如黄金、外国票据、大宗商品和其他有价证券。如果该国货币出现贬值，抵押物就需要相应地增加。而且，各国相互持有货币的规模还应该具有上限，以进一步控制风险。

法国人认为，这个方案介于金汇兑本位制和金块本位制之间，是一种折中的金本位制。一方面，国家之间可以相互持有对方货币，而且不用担心像金汇兑本位制那样遭受货币贬值损失；另一方面，各国具有一定的外币使用空间，而不像金块本位制下完全排除外汇资产的使用。因此，这一机制既可以享受金本位所带来的严格性，同时又不失灵活性。

法国为什么会有上述考虑呢？

1931年之后，英、美先后放弃了金本位制，随后两者货币大幅贬值，这令依然坚守金本位制的法国吃了大亏。为此在1936年，法国提议三国达成协议，以稳定法郎、美元、英镑之间的汇率。如法国所愿，三国最终就此达成一致，此举终结了各国货币竞相贬值的局面。布雷顿森林会议上，"法国计划"关于全球层面固定汇率的提议，实际上正是希望将三国稳定汇率的做法进行全面推广。

1939年12月，为对抗德国，英、法签署了货币和金融协议，以稳定两国货币汇率，为战争期间两国贸易提供融资。协议规定：法郎与英镑保持固定汇率，法国持有的英镑可以在英镑区自由使用，而英国持有的法郎也能在法郎区自由使用，这促进了英法两国间贸易。而战后的"法国计划"建议——可以持有其他成员国货币、充实国际流动性，这实际上也是对英法经验的一个推广。

1939年，英法之间的货币和金融协议规定，双边的货币支持是无限额的。但是，战后的"法国计划"制定者认为，1939年的协议只是战争时期的权宜之计，在和平时期可能会有风险。因此，新货币体系下参与国之间的外汇获取额度应该有规模限制。这一上限要与国际贸易的发展状况相一致。

国际货币体系没有采用法国方案，但是沾染了法兰西的艺术气息

然而并没有什么用处，"法国计划"并未得到实施，布雷顿森林体系最终确立了"美元—黄金"本位的国际货币体系。尤其是以下两个方面，更是令法国深感失望。其一，法国认为各国（至少是主要工业大国）在国际货币体系中的地位应该平等，例如其建议的固定汇率体系，是以各国之间相互协商为基础的多边汇率关系，而实际上，布雷顿森林体系确立了以美元为中心的固定汇率安排。其二，将各国外汇资产作为国际流动性补充的想法，也没有实现，在此基础上的外汇资产担保、抵

全球经济和中国经济：穿越无人区

押机制等也都成为幻想。

很自然地，法国对战后的货币体系存在诸多不满。在这种不满的激励下，即使在布雷顿森林体系成形之后，法国也没有放弃提升黄金地位（同时也是削弱美元地位）。20 世纪 60 年代，面对国际储备资产不足的困境，法国经济学家 Jacques Rueff 提出，应该提高黄金价格（同时也是让美元对黄金贬值），从而满足日益增长的全球储备资产需求。

美国货币历史学家博尔多（Michael Bordo）的观察，也从一个侧面反映出了法国人为改变所做出的努力。博尔多的观察指出：1965—1968 年，法国蓄意将其美元储备转化为黄金，这对布雷顿森林体系造成了致命打击，而这一政策与法国在两次世界大战期间的政策以及 1944 年"法国计划"的思路是一脉相承的。

而在特别提款权创立的过程中，法国担心"新货币"有损，甚至会代替黄金在国际货币体系中的地位，所以坚持以"提款权"而不是"储备单位"来命名新的储备资产，这才有了后来的"特别提款权"——这么一个不伦不类的名字。

今天回过头来看，法国在国际货币金融体系中一以贯之的主张，无疑是以其独特思考为基础的。因为法国人深知一点，需要通过黄金来对中心国家施加外部约束——在实现这一点的过程中，国际货币体系沾染了些许法兰西政治家的艺术气息。

美国货币历史学家博尔多曾不无惋惜地指出，由于法国对国际金融体系的搅动作用，黄金—美元本位在20世纪70年代最终陷入了崩溃，黄金最终走上了非货币化的道路——法国也因此失去了影响国际货币体系的一个抓手。

然而，失去一个没有用的抓手，似乎也不是一件那么糟糕的事情。

主要参考文献：

1. J. Keith Horsefield, "The International Monetary Fund 1945—1965: Twenty Years of International Monetary Cooperation", Vol. Ⅲ: Documents. International Monetary Fund, Washington, D. C., 1969.

2. Michael D. Bordo, Dominique Simard, Eugene White, *France and the Bretton Woods International Monetary System: 1960 to 1968*, NBER Working Paper No. 4642, February 1994.

（本文写于2016年5月）

国际货币体系改革的无人区：
SDR 债券撼动美元世界？

中国央行是认真的

2009年3月，人民银行行长周小川提出了在国际储备中扩大"特别提款权"（SDR）用途，从而降低对美元依赖程度的建议。该观点得到了包括俄罗斯、巴西等国的积极响应。时任法国总统萨科齐也在不同场合多次表态，支持国际货币体系多元化。此后，联合国成立了斯蒂格利茨领衔的金融专家委员会（中国社会科学院余永定研究员是其中唯一的中国专家）。之后，委员会发布的《斯蒂格利茨报告》第五章，专门分析了全球储备体系和SDR的作用，同时提出要强化SDR的作用。

但是，弱化美元的作用似乎只是大家的一厢情愿。2008年国际金融危机之后，实际情况恰恰相反，美元地位甚至还得到了一定的强化（比如说全球外汇储备中的占比指标）。理想与现实的差距，引发了对于 2009 年 3 月周小川行长讲话的猜想，美国舆论甚至提出了颇具想象力的揣测：一种猜测认为，央行积累巨额外汇储备面临批评的声音，这种表态可以应对批评，表明央行非常重视，而且在认真研究这一问题。另一种猜测认为，当时伦敦峰会在即，周小川行长的表态，只是要表达中国对现行国际货币体系的不满，从而应对美国在其他方面的一些指责，比如中国巨额的国际收支顺差。

不管是哪一种猜测，都没有认为中国是真的在把 SDR 当作一回事。当时，国际金融学界另一位著名的美国经济学家 Eichengreen 就说，"如果中国认真（serious）想提升 SDR 的储备货币地位，那中国就应该采取措施创造 SDR 的流动性——**特别是，中国应该发行自己的 SDR 计值的债券**"。

对美国来说，Eichengreen 教授的断言不幸一语成谶——中国的 SDR 债券真的来了！2016 年 3 月 31 日，在 G20 国际金融框架高级别研讨会上，央行行长周小川表示，中国将于近期使用美元和 SDR 作为外汇储备数据的报告货币，并积极研究在中国发行 SDR 计值的债券。看来这一次，央行确实是认真的！

吸引力

在 3 月 31 日会上，周小川行长表示，SDR 有助于增强国际货币体系的稳定性和韧性。而且，SDR 债券作为一种篮子货币

全球经济和中国经济：穿越无人区

计值的债券（basket bond），确实有其内在优势。从历史来看，一共出现过4种篮子债券：欧洲记账单位计值债券、欧洲货币单位计值债券、欧元债券，以及SDR债券。根据国际清算银行经济学家Dammers和McCauley对历史的总结，篮子货币的债券具有三个方面的吸引力：多元化配置、监管套利和收敛式交易（convergence trade）。

其中，多元化配置的吸引力，主要针对零售市场上的个人投资者而言。例如，一般而言，每个金融市场都有其最低门槛，对个人投资者而言，SDR债券无疑降低了多元化配置资产的门槛。再如，中国政府尽管发债，但也难以同时找到以美元、日元、欧元等为计值的、期限相同的中国政府债券。因此，SDR计值的中国政府债券就为这种多元化投资提供了一个选项。

不过，多元化配置资产的吸引力主要局限于零售市场。在批发市场上，对机构投资者而言，要接受SDR计值的债券仍有很大障碍。债券的机构投资者通常是养老基金或者保险公司，但是这些机构的负债通常是本国的货币，如果大量购买SDR债券将带来资产与负债两端的货币不匹配，从而带来货币错配风险*。

此外，监管套利和收敛式交易这两点，也是在欧共体、欧洲汇率协调机制等特定历史条件下才具有的好处，SDR债券难以类比。比如，欧洲货币单位（ECU）计值的债券之所以能够带来监管套利的机会，是因为两个条件：其一，德国马克在 ECU 当中占据最大权重；其二，当时德国官方对于非居民投资马克债券实施了管制。这时候 ECU 债券就成了非居民投资马克债券的替代品，并成为监管套利工具。

但是在 SDR 债券当中，除了人民币，其他国家的金融市场都是完全开放的，而且人民币在 SDR 当中的权重还比较低。因此，即使从监管套利来说，SDR 债券的作用也不强。除非是亚洲货币单位 ACU 计值的债券，这时候人民币权重最大，倒是有可能实现与 ECU 债券类似的监管套利。

先天不足

篮子债券的先天不足，根源于其内在优势。首先，和多元化配置相伴生的还有 SDR 债券的复杂性，甚至不确定性。比如，人民币刚刚进入 SDR 篮子，今后 IMF 如果再次评估 SDR，发现货币权重需要调整，甚至需要引入新的货币。那么此前发行的 SDR 债券如何对汇率、利率进行计值？SDR 篮子调整的不确定性，将给 SDR 债券发行也带来不确定性，在无法解决这种不确定性的情况下，SDR 债券的期限结构可能偏向于中短期。

此外，多元化配置对机构投资者可能意味着更大的风险，因此投资者主要是个人投资者。而个人投资者的规模较小，甚至很多可能是一次性购买就持有到期——这导致了篮子债券缺

全球经济和中国经济：穿越无人区

乏流动性！而市场流动性进一步决定了交易成本，或者说买—卖价差。一个低流动性的市场，其变现面临的买—卖价差将会较高。此外，能否迅速变现，这在一定程度上也是资产安全性的应有之义。如果无法建立起SDR债券市场的流动性，那这个市场的发展空间也将比较有限。

实际上，几十年前的SDR债券市场并不成功。自SDR诞生以来，共有13支SDR债券，总值合计不到6亿美元。难怪国际清算银行经济学家Dammers和McCauley说，SDR债券在债券市场上顶多只是一个配角。事实上，目前除了欧元计值的债券之外，还没有哪一种篮子债券谈得上真正获得了发展。

SDR债券：能否摆脱世界语的困境？

那么这次周小川行长提出的SDR债券，和以前有什么不同吗？

有！

过去的SDR债券发行主要是商业机构或者是小型政府，比如，瑞典南部的一个城市，或者是瑞士的一家手表企业。而这次确实不同，中国这个大块头开始考虑SDR债券了。Eichengreen就认为，中国这样的国家如果发行SDR债券，是非常有意义的，其意义甚至远远大于中国从IMF购买SDR债券。因为中国的SDR债券是可交易的，有可能形成相应的二级市场。

国际货币体系改革的无人区：SDR 债券撼动美元世界？

但是，由于前面提到的原因，SDR 债券至少在一开始（甚至可能在相当长时期内）都会缺乏流动性，因此中国发行 SDR 债券必然面临额外的、较高的成本，以补偿投资者将要面对的低流动性。但是 Eichengreen 认为这种成本其实是一种长期投资，这种投资有可能培育出一个更加稳定的国际货币体系。不过，民工君认为这应该算是一种风险投资（VC）。而且，这笔风险投资不仅需要中国这样的投资人，也取决于 IMF 自己能不能争气。还好，在 3 月 31 日的会上，IMF 总裁拉加德也回应了周小川行长的观点，表示将积极进行这方面的尝试。

但是 IMF 能在多大空间上推动 SDR 的使用，也面临着诸多挑战，Eichengreen 认为至少有两大障碍：其一，IMF 能不能成为 SDR 的做市商（market maker），与所有的国家和私人交易者进行交易，让 SDR 这个全球交易市场运转起来。IMF 的这个新角色，能否得到包括美国在内的成员国支持，这也是一个问题（美国的投票权超过 15%，而通过一项重要的决议需要 85% 以上的投票权）。其二，伴随的一个问题，当 SDR 真的成为国际金融市场的重要资产，那么就需要 IMF 能够为全球金融市场随时提供充足的 SDR 流动性——这实际上已经是一个全球央行的范儿了。现在看来还相当遥远。

最后，借用 Eichengreen 和 Frankel 教授的一个比喻：如果把货币体系比作语言体系，那么美元就是英语，SDR 就是世界语。世界语，由波兰籍犹太人柴门霍夫博士创造，综合了多种

全球经济和中国经济：穿越无人区

语言的规律，更能体现交流的平等性，但是却始终未能在全世界得到推广。SDR 能否避免世界语的困境？中国央行决心一试！

* 说明：文中提到持有 SDR 债券可能带来货币错配问题，实际上对非美元国家金融机构而言，持有美元债券同样也可能会带来货币错配问题。但是至少由于以下两个原因，美元资产带来的货币错配问题相对较小：其一，机构投资者本身可能也面临美元负债，比如美元存款、美元计值的保费等债务合约，在这种情况下，投资美元债券并不会产生货币错配。而同时，机构投资者没有 SDR 负债，除非负债结构和 SDR 的货币分布相似，否则就会产生货币错配的风险。其二，国际金融市场上美元产品的流动性强，即使因为持有美元资产而面临货币错配风险，也容易找到低成本的对冲工具，而对于持有 SDR 资产产生的货币错配，其对冲操作的成本可能更高。

主要参考文献：

1. Barry Eichengreen, "The World's Top Currency Faces Competition: The Dollar Dilemma", *Foreign Affairs*, Vol. 88, No. 5, pp. 53 – 68, September/October, 2009.

2. Barry Eichengreen and J. Frankel, "The SDR, Reserve Currencies Andthe Future of the International Financial System", in M. Mussa, J. M.

Boughton and P. Isard (eds), *The Future of the SDR in Light of Changes in the International Financial System*, IMF, Washington D. C., 1996, p. 366.

3. Clifford R. Dammers and Robert N. McCauley, "Basket Weaving: The Euro Market Experience with Basket Currency Bonds", *BIS Quarterly Review*, pp. 79–92, March, 2006.

4. ［美］约瑟夫·E. 斯蒂格利茨：《斯蒂格利茨报告：后危机时代的国际货币与金融体系改革》，新华出版社2011年版，第205—216页。

5. 周小川：《关于改革国际货币体系的思考》，2009年3月23日，中国人民银行网站（www. pbc. gov. cn）。

（本文写于2016年4月）

迎接未知的国际金融危机：
准备好第二道防线

近年来，各国货币政策分化严重，全球美元流动性从泛滥转向趋紧。在一些地区，金融危机的炽热岩浆暗流涌动，而在一些薄弱地带，金融危机的火山已经引发了地动山摇。在此背景下，各国亟须提高应对金融市场大幅波动的能力。

这种能力建设可以总结为两道防线：第一道防线，危机预防与早期解决机制，通过早期危机预警、提前识别可能出现的风险，并将其消灭于萌芽状态。第二道防线，在危机爆发后，及时动员各方力量，快速平息市场，避免危机的进一步扩散。

在构建第二道防线的诸多选择当中，全球金融安全网就是一种系统的解决方案。2010年，G20（二十国集团）就提出了这一概念。这个安全网火力交织，密布于以下四个层面：（1）国家层面，各国为了自我保险而积累的国际储备资产；（2）双边层面，一国央行与其他国家央行进行的货币互换；（3）区域层面，区内的储备安排以及多边的货币互换网络；（4）多边层面，以 IMF（国际货币基金组织）为主的全球危机干预和预防资源。

危机前：第二道防线1.0

2008年之前，上述四个方面的建设并不均衡：双边货币互换尚未大面积签订；区域金融安排虽早已有之，但是欧洲区域金融安全网、亚洲的清迈倡议多边化，都没有经历过大规模危机的实战考验。IMF一直是各国指望的最后救援力量，但是受其贷款项目条件"污名"（stigma）的影响，各国只有在迫不得已的情况下才会求助于IMF。在这种情况下，大部分国家被迫积累了大量的外汇储备。但是过量的储备资产机会成本很高，甚至也会带来额外的风险。

危机后：第二道防线2.0

国际金融危机之后，全球金融安全网在多边、区域和双边都有所提升。

多边层面，IMF通过份额增资、借款安排等不断提高自己的救援能力，同时也在完善贷款工具，以提高其贷款条件的灵活性和针对性。

地区层面的金融安全网建设时间较长，在金融危机之后则进一步加速。欧债危机之后，欧洲在2012年建立了永久性的金融安全网——欧洲稳定机制。亚洲的清迈倡议在金融危机之后也不断扩容，而且在2011年建立了本地区独立监督机构——东盟+中日韩（"10+3"）宏观经济研究办公室，该机构于2016年2月正式升级成为国际组织。2014年，金砖五国签署条约，同意建立应急储备安排，这也成为新兴经济体创建集体金融安全网的重大尝试。

双边层面，双边货币互换安排重新兴起，以美联储为中心的一系列双边货币互换安排对稳定全球和区域金融发挥了重要作用。尤其是在2013年10月，美联储、欧洲央行、英格兰银行、瑞士央行、加拿大央行和日本央行，将临时的双边互换协议转变为永久协定。

第二道防线的漏洞？

但是，目前的全球金融安全网还远未达到固若金汤的程度。

首先，IMF的作用仍待强化。拥有188个成员经济体的IMF，是覆盖范围最广的一道防护网，也是很多欠发达经济体唯一可以依靠的外部救援力量。不仅如此，对于一些体量较小的成员经济体，受制于较低的份额比例，其在危机时可能难以获得足够的救援。

其次，有的区域金融安全网并没有发挥应有的作用。尤其是在亚洲地区：2008年金融危机爆发后，由于外汇储备短缺，韩国央行与美联储签署了300亿美元的货币互换安排（随后与日本央行和中国央行也签署了货币互换安排）；同一时期，印度尼西亚最早也试图与美国建立双边货币互换安排，即使遭到拒绝，也没再向区域金融安排求助，而是转向世界银行、亚洲开发银行、澳大利亚和日本。韩国、印度尼西亚两国都没有向清迈倡议申请救助，说明清迈倡议的建设无法满足区内国家对于金融安全网的需求。更糟糕的是，由于清迈倡议长期闲置不用，如果某国申请相关救援，更有可能被市场误读为该国已经"无计可施"，这时候反而可能加剧市场恐慌。

最后，区域与双边安全网的防护覆盖范围还存在盲点。受制于一些条件，很多国家无法组建属于自己的区域金融安排，也无法满足美联储的条件享受双边货币互换便利。就像美国加州大学圣克鲁兹分校教授Aizenman和Pasricha所指出的那样：金融危机后美联储同新兴经济体签署货币互换协议，主要考虑的是美国银行在这些新兴经济体的风险暴露大小；因此，那些与美国金融联系不够密切的国家，就会被排除在美联储的货币互换网络之外。也因此，IMF总裁拉加德指出，国际金融危机以来，金融安全网的规模和覆盖面有所扩大，但也变得更加割裂和不对称。

给第二道防线打补丁

近年来G20一直在给第二道防线打补丁：2010年G20全球金融安全网专家小组成立，着手专门设计和完善全球金融安全网。2012年，G20建立了国际金融架构工作组，完善全球金融安全网是其重要的工作内容。不过在2014年和2015年，由于基金组织2010年改革方案迟迟未能获得美国国会通过，该小组的工作一度停顿。2016年，作为G20主席国，中国重启了这个工作组，将完善全球金融安全网作为重点研究的五大问题之一。

未来的金融安全网建设，至少可以通过以下两方面推进。

第一，让IMF更有力量。在2016年3月的一份报告中，IMF指出，如果发生系统性金融风险，现有的全球金融安全网资源仍然捉襟见肘，尤其是对于新兴经济体而言更是如此。所以，应该继续提升各个层次安全网特别是IMF的金融资源规模。在经过美国国会5年的拖延之后，基金组织2010年份额和治理改革方案终于在最近生效。下一步，我们需要评估实施新的份额增资的可能性。与此同时，也可以推动IMF进行新一轮的特别提款权普遍分配，这既可以提升各国资源可用水平，同时又可以提升特别提款权在国际货币体系中的地位与作用。

第二，加强不同金融安全网之间的协调与合作。这方面较为成功的案例，是欧洲与IMF的"三驾马车"（Troika）合作。欧债危机爆发后，欧盟委员会、欧洲央行和IMF组成的"三驾马车"先后实施了对希腊、爱尔兰、葡萄牙、西班牙、塞浦路斯的救助，并取得了不错的效果。然而，更多的情况是比较不成功的案例，或者干脆就没有合作。为此在2011年，G20达成了《国际货币基金组织与区域金融安排合作的二十国集团原则》，为区域金融安全网与基金组织合作提供了一个宽松的方向，但是这一原则并没有提供具体的合作指导，同时也不具有约束性。

在未来，金融安全网之间的合作可以从两方面展开：一是危机救援时——资金的合作。根据危机冲击的性质和影响范围，不同层次的金融安全网可以组建联合项目组，实施共同救援。二是加强经济和平时期——经济监测的合作。例如IMF在全球监测和国别监测上具有优势，但是在区域监测上较为薄弱，而区域金融安全网正好可以利用自身优势弥补这一缺口。与此同时，不同金融安全网也可以开展联合监测工作，形成合力。

这其中应进一步加强双边货币互换与其他金融安全网之间的合作。双边货币互换具有高效、快捷的特点，因此，尽管美联储同相关国家签署货币互换具有严格条件，但是这一安排仍

全球经济和中国经济：穿越无人区

然得到了很多国家的青睐。为进一步融入全球金融安全网，双边货币互换可以参考美国外汇平准基金的做法，在联合救援中为危机冲击国家提供先期和临时性的救助，与其他救援力量一道织牢第二道防线。

主要参考文献：

1. IMF, *Adequacy of the Global Financial Safety Net*, IMF Policy Papers, March 2016.

2. Joshua Aizenman and Gurnain Kaur Pasricha, "Selective Swap Arrangements and the Global Financial Crisis: Analysis and Interpretation", *International Review of Economics and Finance*, 2010 (19): 353–365.

（本文写于2016年4月）

中国踏入"一带一路"无人区的探索

进入"一带一路"无人区的中国国际发展政策：西方的批评与误解

引 子

以往西方社会主导的国际机制是以规则为导向的，而中国提出的"一带一路"倡议，则以发展为导向。后者更为务实，但也引发了国际社会的一些猜测和争议。由于以发展为导向，因此中国提出的"一带一路"倡议，也不免与中国在国际发展领域的一些政策颇有交集。而这些交集，不仅在一定程度上对中国而言是个"无人区"，而且对西方国家来说，也有颇多的误解。

2017年5月12日，在中国国际问题研究院主办的会议上，美国全球发展中心（CGD）*发布了关于多边开发银行（MDB）的研究报告，并且介绍了特朗普对美国国际发展政策的调整。笔者参加了会议并作了主旨发言，内容包括两方面：其一，分

全球经济和中国经济：穿越无人区

析西方社会对中国常见的三种批评：(1) 在国际发展领域，中国能提供什么（what）？仅仅是钱吗？(2) 怎么提供这些钱（how）？标准和规则的问题。(3) 为什么提供这些钱（why）？动机的问题。其二，澄清国外观察者对中国在该领域比较优势的三个误解：(1) 高估了中国国家能力。(2) 觉得中国的外汇资产很多，中国在资金方面有比较优势。(3) 觉得中国在技术方面没有比较优势，只有发达国家才具有技术优势。下面是根据笔者发言整理的内容，有的部分作了完善，也有部分删节。

非常荣幸参加这个会议，有机会和大家做个交流。刚才，Nancy Birdsall 介绍了 CDG 团队关于多边开发银行（MDB）的研究报告。正好，哥伦比亚大学的 Stephany Griffith-Jones 教授，也带领了一个团队，对 7 家国别开发性金融机构（National Development Bank, NDB）展开了研究，我参加了这个团队，并负责关于中国国家开发银行的研究。4月下旬我们刚刚在华盛顿发布了这个报告的初稿。我们这项成果将于今年年底在牛津大学出版社出版。所以这两项关于 MDB、NDB 的研究成果，可以说是姊妹篇，互相呼应（正好 CDG 的主席 Nancy Birdsall 和 Stephany Griffith-Jones 教授也是互粉）。

另外，Scott Morris 刚才也给我们介绍了：在多边开发银行（MDB）政策安排当中，美国白宫、美国财政部的关键人物（key actors）；以及美国政府在国际发展政策框架中的预算削减情况（分国别、分机构）等。这些信息，有助于我们更好地理解美国那边的国际发展政策。下面我想从两个角度来展开，让美国方面也能更好地了解中国的国际发展政策：一是在国际发展领域，西方社会对中国比较优势的三个常见误解；二是关于中国国际发展政策，西方社会中最常见的三种批评。

首先是在国际发展领域，西方社会对中国比较优势的三个常见误解。一是觉得中国太有钱了，二是中国技术不行，三是政府力量太强。所以中国在国际发展领域取得的成就，是靠钱、靠政府强推，而不是由于中国的技术有优势。这些观点存在一些误解：

第一，高估中国的资金实力。2015年4月28日，日本的安倍首相访问美国，事后美日首脑有个新闻发布会。在会上奥巴马总统提到，中国真是有钱了（China has got a lot of money）。这也是外界很多人对中国的印象，中国政府的外汇储备一度高达4万亿美元，现在虽然降到3万亿美元，也仍然是全世界最高的。日本第二多，也不到中国的二分之一。中国大概拥有全世界30%左右的外汇储备。

但是，我们看一个国家到底有没有钱、到底能够动用多少海外资源，应该看这个国家的海外总资产，这是一个

全球经济和中国经济:穿越无人区

更完整的口径。外汇储备,只是一国海外资产当中,政府所拥有的部分。那中国的海外资产总额有多少呢?6万亿美元,似乎很多。不过,法国是7万亿美元,日本是8万亿美元,德国将近9万亿美元,英国将近14万亿美元,而美国则是24万亿美元。可见,中国的海外资产当中,官方储备所占比例高,但是实际上中国能够动用的全口径海外资源,远不及美英等国,和美国不是一个数量级。

但是这种结构性的特点(外储占海外资产比例高),决定了中国在国际发展领域,主要是政府发挥作用,并且资金会比较集中于某些地区、某些国家、某些项目上,从而也比较容易招致国际社会的关注甚至批评。而西方国家不同,除了政府之外,一些非政府组织(NGO)、企业也有大量的海外存在,而其活动往往是比较分散的,相对而言不容易引起那么大的关注。所以这是第一个误解,实际上中国并不是很有钱。

第二个误解,外国观察者高估了中国政府在国际发展领域的作用,认为中国在该领域的影响力迅速提升,主要是因为国家能力的使用,甚至有一些阴谋论的观点。而实际上,中国相关部门之间,包括国际发展政策涉及的多个部门之间,一直在协调、合作方面存在诸多问题。例如,在中国对外援助、国际发展政策领域,商务部、外交部、财政部,包括发改委,这些部门之间的协调就存在一定的问题，使得这方面的政策效果也面临着一些困扰。在这方面也有不少的讨论和研究。此外，关于从阴谋论角度猜测中国政策的想法，在后面第二部分我还会进一步正面回答。

第三个误解，西方观察者认为中国在技术方面不行，没有比较优势，所以中国近年来影响力提升，主要还是靠前面提到的砸钱、政府力推。对于这种误解，首先得承认，中国在很多领域，仍然没有达到全世界的技术前沿水平。但是中国的技术创新和发达国家不同，中国的技术创新，更多是包容性的创新（inclusive innovation）。这种创新的特点是，技术水平甚至产品质量未必达到世界的领先水平，但这种技术是低收入国家用得起的（affordable）技术。这种技术是在质量和价格之间作出了某种权衡、折中（tradeoff）。这是一种好的权衡，现有的技术因此有可能惠及更多发展中国家和低收入群体。有很多中国企业，在这方面都做得很好。这种性价比高，具有普惠性的创新，是中国在国际发展领域影响力迅速提升的重要原因，这已经成为中国的比较优势。所以从某种意义上而言，中国靠的是技术优势。

下面再谈一谈，**关于中国国际发展政策，西方社会中最常见的三种批评。**

全球经济和中国经济：穿越无人区

首先，在国际发展领域，中国能为世界提供什么（what）？一些批评人士认为，中国能提供的仅仅是钱。甚至有一位欧洲人对我的朋友讲，我喜欢的是"中国钱"，而不是"中国人"。我同时严重怀疑，他所说的"中国钱"应该是中国的美元，而不是中国的人民币。他说的也不无道理。现在，中国的国家开发银行总资产已经达到14万亿人民币，超过2万亿美元，是世界银行资产的3倍，是全世界最大的国别开发性金融机构。但是我们也知道，世界银行是知识的银行、是智慧的银行，不但为发展中国家提供发展资金，而且还提供知识、经验，以及发展的理念和模式。

那么反过来看一看，除了钱，中国还能为世界提供什么？现在一些发展中国家的建设当中，已经开始体现出很多带有中国特色的因素，工业园区、五年规划、招商引资甚至是土地财政。但是，关于是否存在"中国模式"、是否存在"北京共识"，这些问题在中国国内也有很多的争议。我们正在回顾、反思、争论，随着这些问题思考得越来越清楚，中国在国际发展领域也将输出更多的经验、更清晰的理念。中国的国家开发银行，也成立了研究院，并且也正在打造知识的银行和智慧的银行。中国在国际发展领域，将会提供更多资金以外的支持。

其次，在国际发展领域，中国怎么提供这些钱

(how)？这就涉及了标准和规则的问题。比如，人权、政府的良治、透明度、反腐败、环境保护，这些都是西方国家在国际发展领域推行的一些规则和标准。在这方面，中国经常受到一些指责。不过我们看到，中国和西方国家的分歧正在明显缩小。

在亚投行的发起成立过程中，中国真诚地邀请西方国家参加，包括邀请美国、日本参加。中国参与筹备的过程中，亚投行的环评专家、法律问题专家也都是从美国或者世界银行请来的。在气候变化、碳排放问题上，中国的态度也非常积极，2016年全国人民代表大会已经批准中国加入巴黎气候协定。中国在这方面的态度，甚至比现在的美国还要更为积极。

最后，中国为什么提供这些钱（why）？这是动机的问题。在中国，不乏一些从阴谋论角度来解读美国政策的人。反过来，在美国和西方社会也有人这样来看中国。一方面，这是西方观察者高估了中国政府的国家能力，另一方面也可能是心理焦虑。

举个例子，过去10年不到的时间里，中国人民银行已经和20多个国家和地区，签署了金额超过3万亿人民币的双边本币互换协议。有的西方学者就猜测，中国和这些国家签署协议，是不是出于国际关系、地缘政治的目的？是不是为了扩大人民币的影响，实现一些政治目的？于是就

全球经济和中国经济：穿越无人区

有外国学者，借用了国际贸易当中常用的引力模型，对中国人民银行是否签署互换协议以及签署互换协议的金额进行了分析。结果他们发现：签署国家的经济体量、和中国的空间距离、和中国的贸易关系，这些解释变量都是显著的。而非经济因素的变量并不显著。因此，这项研究说明中国签署双边本币互换协议，完全是以市场为导向的行为，并不存在阴谋论所期待的结果。

我就介绍这些，希望这些解释有助于美国学者理解中国的国际发展政策。

* 背景介绍：全球发展中心（CGD），位于美国华盛顿，是一家独立于美国政府的智库。2003 年，CGD 开始发布"发展职责指数"（Commitment to Development Index, CDI, 也被称为致力发展指数），以评估 21 个 OECD 成员国在全球发展方面的成就。这项评估内容不仅仅考虑了经济援助，还包括了贸易、投资、移民、环境、安全与技术等政策领域。CGD 的这项评估工作，推动了 OECD 国家更加全面地完善其国际发展政策。在 2017 年年初宾夕法尼亚大学发布的《全球智库排名报告》（*Global Go To Think Tank Index Report*）中，CGD 在发展政策领域排名第 19 位，在国际经济政策领域排名第 26 位。

（本文写于 2017 年 5 月）

踏上"一带一路"无人区的中国企业投资

近年来,中国在全球对外直接投资当中的地位迅速上升:2015年,中国对外直接投资实现连续13年快速增长,创下了1456.7亿美元的历史新高,首超日本而成为世界第二大对外投资国。2016年,中国企业对外直接投资更是达到了1701.4亿美元。2017年,中国对外直接投资出现稳中趋缓的迹象。不过,随着"一带一路"倡议的稳步推进,在海外投资领域,中国企业的身影将更为活跃。在此形势下,我们不得不思考这样五个问题。

中国企业为什么进行海外投资?

半个世纪以前,美国企业刚刚起步对外投资,当时主要考虑的是离欧洲、亚洲等目标市场太远,以及欧洲这类市场存在

全球经济和中国经济：穿越无人区

一些贸易壁垒。所以当时对美国企业而言，市场在哪里，企业就到哪里投资。后来日本企业也开始对外直接投资，不过日本的主要考虑是劳动力、土地这类生产成本上升，于是日本企业对外直接投资一开始主要布局于东南亚，在这些地方生产完了之后，再出口到欧美市场。

但是，和历史上的美国模式（**最终需求驱动**）、日本模式（**生产成本驱动**）相比，现在中国企业的对外直接投资有不同的特点。比如，中国企业在海外大量投资于能源、矿产等自然资源，同时通过并购等手段，中国企业也在获取欧美的专利技术、研发能力，甚至是中高端国际品牌。所以**中国企业的海外投资，是在全球市场寻求国内缺少的资源、技术和品牌**，这些东西正是我们所缺少的，是一种补充。所以有研究者（姚枝仲，2011）将中国的对外直接投资模式概括为"**价值链延伸**"。

此外，中国企业海外投资的格局，也是国内市场生态环境的一种外化。比如，一些民营企业到海外投资，一部分原因是国内市场受到了国有企业的挤压，生存空间极为有限，这些企业在某种意义上是被逼出去的。另外，国有企业对外投资的动机则五花八门，有的是为了扩大市场份额，有的是为了服务于国家战略，有的原因则令人啼笑皆非。最后，从短周期来看，由于2015年以来人民币汇率贬值预期导致的资本外流加剧，中国企业海外投资当中也隐藏了一部分资本外逃。例如2017年3月，就有高层警告某些企业借海外收购足球俱乐部转移资产。

总体上，中国企业海外投资呈现出"价值链延伸"的特点，这和美国、日本历史上的起步完全不同。这样的特点，对国内产业的影响、对全球价值链的重构，都有不同的含义。因此，关于企业海外投资的动机、驱动因素的研究，也关系到后面其他问题的回答。

企业海外投资，投到什么地方？

如果一国的法律体系完备、政府管制较少、腐败程度较低，通常我们将其称为"制度质量"比较高的国家。很长一段时间，理论界都认为，制度质量越高，就越容易吸引到外商直接投资。反过来也就是说，中国企业对外直接投资，也会更多地投到这些"制度质量"较高的国家。

但是最近的一些研究发现，制度质量未必是一个好的解释因素。因为在欧美一些制度质量较高的国家，中国企业反而不适应当地环境，表现出水土不服。而在拉美、非洲一些"制度质量"并不高的国家，却相对比较容易适应。最近的研究提出了一个新概念——"制度距离"。在这种逻辑框架下，中国企业海外投资会倾向于选择和中国"制度距离"比较近的国家。

这方面，西班牙马德里自治大学的林越（2016）博士检验了在拉美投资的中国企业行为。有趣的是，他发现国有企业、

全球经济和中国经济：穿越无人区

私营企业以及不同行业的投资，对"制度距离"/"制度质量"表现出了截然不同的反应机制。

一旦国际经济学家提到"距离"，他们经常会考虑国际贸易中的"引力模型"。事实上，这个模型也被广泛应用于国际投资当中，解释企业对外投资的空间分布。考虑"制度距离"的因素，也是对引力模型的完善。不过，跨国投资涉及汇率风险，尤其在一些汇率极具波动性的发展中国家，这是个比较大的问题。比如赞比亚的货币是 Kuacha，有一年这个货币一下就贬值了50%，导致中资企业蒙受了很大汇兑损失。因此，也有研究者加入了汇率风险来分析中国企业的对外投资行为（李平、于国才，2017）。

从投资空间来看，特定的地区还有特定的历史文化和政治背景。比如中非、西非国家，历史上的宗主国是法国。在法郎区时代，各国中央银行均在法国财政部设立"业务账户"，并将其大部分外汇储备存入这个账户，以保证其货币与法郎的自由可兑换，而法国财政部则扮演着法郎区央行盟主的角色。在欧元区诞生之前，非洲法郎一直与法国法郎直接挂钩，其后改为与欧元直接挂钩，但是这种货币合作机制始终是根本。

和法国在该地区深耕几个世纪的历史相比，中国金融业在该地区的布局几乎是空白，中资企业在该地区投资所需要的金融服务就难以得到满足。因此，在这样的地区，中国首先就需要寻求与法国的合作，利用三方合作的形式来开展国际投资。

这个思路也同样适合于中国与英国（伦敦国际金融中心）的合作。

在欧美发达国家本土投资，中国企业面临的则是另一个问题。除了传统意义上要处理好与媒体、公众、政府的关系，欧美的社会生态环境中还有一些特殊的因素。比如，在福特考虑出售沃尔沃之初，洛希尔公司（又译作罗斯柴尔德）就担任了这次并购行动的顾问。得知这一消息后，洛希尔公司很快将这一消息告知了吉利，并作为中间人起到了引荐和撮合的作用。在国际并购当中，具有卓著声誉的中间人，也是并购成功的关键因素之一。

另外，欧美智库也是社会生态环境中的特殊因素。比如美国的彼得森国际经济研究所（PIIE），在美国国际经济政策制定中发挥着重要的影响力，在某种程度上也发挥着意见领袖的作用；再如中国一家企业收购德国的化工企业，德国人被惊到后，当地媒体采访的就是德国基尔世界经济研究所（Kiel Institute for World Economy）；再如布鲁塞尔的Bruegel研究所，就经常参加欧盟和各国议会的听证会，参与各种政策辩论。

这些智库不仅是上流圈层的接触平台，也会对公众舆论、国家政策产生一定的影响。一些中国的跨国企业已经认识到这一点，开始积极加入欧美的顶级智库作为企业会员，通过这种方式融入当地的社会生态当中，促成东道国对中国企业、中国经济的认识能够更加客观和公正。在这方面，笔者有幸参与、

全球经济和中国经济：穿越无人区

见证了这一过程。2014 年，国内某著名企业和 Bruegel 的第一轮合作磋商，地点就是我们研究所的会议室。

上面我们已经提到了对两个问题的关切：为什么投资？投资到哪里？此外，我们还将进一步提出另外三个问题：中国企业怎样进行海外投资？投资的效果和影响如何进行评估？政府在此过程当中应该发挥何种作用、如何去发挥这种作用？

上述每一个问题的回答，不但需要理论，而且还需要我们去大量接触现实。现在来看，理论还滞后于现实进展。**所以笔者提出了这些问题，并不是试图直接给出答案，而是给出理论研究去追赶现实的一些方向**。在下文，我们将继续讨论后面这三个问题。

一则插曲

"贵国的人口密度太低，在你们国家修这样一条铁路，估计难以维持运营。作为哈佛大学的高才生，阁下应该清楚这一点吧？"A 国官员问道。

"是的。"B 国官员直言不讳。

直白的回答令提问者有点意外，不过他试图寻找一个友好的解决方案，"那我们何不降低标准，建设一条货运铁路，运个牛、送个羊啥的？"

"如果一条铁路，只能运牛、运羊，那我们两国的友谊将因此蒙受耻辱!"这个没有余地的回答,再次令提问者猝不及防。

发展中国家往往缺乏基础设施,而基础设施的投资往往需要政府和国际机构的介入。上面一幕,就是发生在 A 国与 B 国官员之间的对话。A 国打算在 B 国的铁路项目中发挥一些作用,但是事情并没有想象的那么简单。

近年来,中国企业也在大量投向发展中国家的基础设施领域。由于该领域的特点,国有企业甚至中国政府必然发挥重要作用。不过正如前面的一幕,事情没有那么简单,借钱的主有时候也挺横。那么在中国企业海外投资的过程中,政府应该发挥什么样的作用、如何去发挥这种作用?这正是我们接着上文,继续要给出的第三个问题。

结合国内金融改革来看企业海外投资

2015 年,中国已经成为全球第二大资本输出国。但是,中国企业海外投资的重要背景,以及和发达国家的深刻不同,就是中国国内仍然处于金融市场改革的攻关阶段。在金融改革过程中,汇率制度改革且进且退,汇率的扭曲引发了外汇交易的扭曲;汇率制度的改革滞后,给资本账户管理带来了较大压力;利率市场化名义上已经到位,但实质上还有很多事要做;国有企业改革、财政体制改革则是金融市场改革更为基础性的环节。

我们需要把中国企业海外投资,放到国内金融改革的大背景下进行考察,在推动企业对外直接投资、进行全球布局的同时,也要考虑如何防范其中的金融风险,如何尽快推动国内金融市场的配套改革。

政府作为企业海外投资的探路者

从对外角度来看,政府在企业海外投资中的作用,可以概括为三方面:事前探路、事中保护、事后擦屁股。先来看"探路"功能,在很多地方,国家政策性金融机构在中国企业海外投资中的作用至为关键。例如,国家开发银行先帮助某国制定发展规划,通过"规划先行"的做法,全面了解当地的政治、经济和金融环境,规划获批准之后,再以此为基础吸引中国企业进行投资。目前,其中仅在"一带一路"沿线国家,国开行累计发放贷款已经超过1600亿美元。此外,进出口行、中信保等政策性金融机构也起到了重要作用。

因此,要研究政府如何发挥作用,就必须研究国家开发银行等政策性金融机构。这实际上还涉及另一个值得关注的问题,就是中国企业海外投资过程当中,企业部门的直接投资、政策性金融机构的开发性金融、政府主导的对外援助,这三者之间如何进行协调、配合,共同为中国企业海外投资创造良好的环境。

如果再进一步细分，广义上中国国际发展政策涉及的多个部门，比如国家发改委、财政部、商务部、外交部等，如何进行有效的协调，这也是一个问题。此外，如何在事前防范风险，这也是官方需要提供的公共产品。这方面，中国社会科学院世界经济与政治研究所连续多年发布的《中国海外投资国家风险评级报告》，已经在国际范围产生了影响。同时，中信保、国开行等机构也都有相应的评级体系，中国现代国际关系研究院也正在启动国际风险评估项目。

政府为企业海外投资提供保护、塑造环境

除了事前探路，公共部门还要为海外投资提供保护、塑造友好的投资环境。相匹配的军事力量、海外安保，这都是有形的保护措施。除此之外，也需要加强对国际投资规则的研究。在该领域，中国至少面临两大问题：

第一，过去中国对外商投资施加的管制、约束条件，现在也成为中国企业海外投资面临的问题。比如在一些非洲国家，中国企业的利润无法通过正常渠道汇回，而这也是中国曾经对FDI施加的管制。所以，中国在国际投资规则的制定中，要动态地看待自己的利益，结合中国海外投资发展趋势来推动国际投资规则的形成。

第二，虽然目前的国际贸易体系存在着去全球化的迹象，但毕竟还有世界贸易组织（WTO）这样的核心平台。而国际直接投资，该体系长期以来一直缺乏全球范围的整体协调，甚至是一地鸡毛。现在全世界有3000多项区域的或者双边的投资协议，而且每周还在新增加3个双边协议，这些协议之间的兼容性也是大问题。从这一点来看，作为新兴的资本输出国，中国有必要推动全球层面就国际投资规则达成共识，进而为形成普遍适用的国际投资规则创造条件。

这方面的一个进展，是2017年5月14日在"一带一路"国际合作高峰论坛上，27国财政部共同核准的《"一带一路"融资指导原则》。其中"指导原则"的英文表述是"Guiding Principles"，因此《"一带一路"融资指导原则》是相关国家达成的共识，虽然并不具有强制力，但是也为进一步形成多边投资准则乃至规则提供了基础。

政府在收拾残局中的善后角色

相比于事前的探路、事中的保护而言，事后的擦屁股则最为困难。在中国企业海外投资过程中，国家开发银行等政策性金融机构起到了重要作用。在典型的情况中，中国企业海外投资的营业收入，相当一部分来自中国金融机构对发展中国家政府的贷款。因此，如果借款国家的偿还能力出了问题，中国企业的损失实际上比较有限。真正严重的问题,在于中国金融机构对借款国家的债务可能遭受违约。

因此,事后擦屁股的主要问题就变成了主权债务重组。在这方面,我们可以关注的一个研究对象是巴黎俱乐部。这个机构成立于1956年,目前有20多个成员国,它们都是债权国。可以说,巴黎俱乐部是一个债权人联合讨债、联合制订债务重组计划的机构。对中国而言,研究巴黎俱乐部至少有两个方面的意义:

一方面,中国是否加入巴黎俱乐部?如果加入,在相关国家的主权债务违约和重组当中,中国无疑将发挥更大的影响力。这将有利于中国更好地维护自己作为债权国的利益。但是另一方面,巴黎俱乐部成员国也需要遵守一些共同原则,比如,团结、基于共识、有限制条件、具体问题具体分析、债务处置具有可比性,甚至包括必要的信息共享。针对其中某个原则的可行性,目前仍然存在争议,所以这个问题仍在讨论当中。

尽管如此,关注巴黎俱乐部还有另一层意义:1956年以来,其主导了86个经济体、422次主权债务的重组,这对于今后中国在该领域的实践,也可以提供丰富的历史经验。目前,欧洲稳定机制(ESM)的经济学家已经在这方面开展了研究,并且获得了有价值的发现。Cheng、Diaz-Cassou、Erce这三位经济学家分析了巴黎俱乐部的历史数据,发现了主权国家债务重组的"三元悖论"。具体来说,在一国主权债务重组的过程中,

全球经济和中国经济：穿越无人区

对于以下目标——经济增长、BOP平衡、财政赤字——任何重组方案都无法同时实现这三者。对中国和其他债权国来说，这项研究的启示是：我们在提出主权债务重组方案时，更多的是在上述三个目标之间进行权衡与取舍。

最后两个问题

中国企业怎样进行海外投资？以及投资的效果和影响如何进行评估？这两个问题牵涉很多方面，通常也备受各界关注。由于篇幅所限，笔者在此仅强调一些容易忽视的因素：

其一，关于中国企业怎样进行投资，我们需要研究清楚国际制裁的法律边界。比如，当前美国正在对俄罗斯实施SSI标准的制裁方案（和SDN的标准不同，SSI是相对较为宽松的制裁方案）。对此，我们就需要研究清楚制裁的边界，利用SSI标准的一些技术细节和政策空间，在俄罗斯开展经济和金融业务。

如果是这样，不但中俄能够实现双赢，而且对中国企业来说，欧美的制裁反而会成为中国企业的机遇。反之，如果对制裁标准有误解，过宽和过紧的理解，要么导致中国企业的经营活动受牵连出问题，要么就导致中国企业在俄的经营活动受到不必要的阻碍。

其二，关于中国企业海外投资的效果和影响评估，我们往往更多关注投资项目本身、企业本身是否盈利。实际上还有更多问题需要关注，比如：中国企业在海外投资，对当地有什么溢出影响？对于其他投资，是挤出效应占主导，还是挤入效应更显著？

再者，中国企业对外投资，长期来看对中国本土有什么影响？欧美国家积累多年的海外投资，在不同程度上导致了本国的产业空心化和就业流失。正因为如此，日本、美国等一些国家开始采取逆全球化的措施，希望将海外的本国企业吸引、唤回本土。

那么按照目前的势头，中国企业的海外投资是否会对国内就业产生冲击？对于这个问题，目前OECD研究部正在与笔者所在的团队进行合作、共同推进研究。一种思路是，中国企业海外投资，将会对国内不同行业、不同地区的就业产生影响。不过，前面我们已经提到，由于中国企业海外投资，与历史上的美国模式、日本模式不同，以"价值链的延伸"为特征。因此作为一种猜测，中国企业海外投资和国内就业之间，可能呈现出一定程度的互补关系。

至此，五个问题我们都已经给出了，问题的描述未必全面，而且也没有给出确定性的回答。需要再次强调的是，**给出这些问题，并不是要试图给出答案，而是给出理论研究去追赶现实的一些方向**。

（本文写于2017年5月）

"一带一路"投融资机制的无人区

引　子

"一带一路"倡议已进入具体推进、落地阶段。某种程度上，中国在"一带一路"沿线国家的投融资机制探索之路也进入了"无人区"领域。在此过程中，"一带一路"沿线国家的投资需求巨大，但潜在风险也值得关注。本书的这篇文章，将对这些资金需求、潜在风险进行分析。在此基础上，后续四篇文章，将分别提供四个角度，对中国参与建设共赢、可持续的"一带一路"投融资机制提出建议：

第一，在《中资银行在非洲的布局探索》中提出，**投资主体借力借势布局**。中资银行业在非洲的布局分析，说明了中资金融机构的布局还可以利用现有国际金融中心之间的竞争关系，为拓展布局找到新空间。

第二，在《马歇尔计划的启示》中提出，要绑定各方**投资**

伙伴的利益。马歇尔计划特殊账户机制的启示,就是要将相关方的利益进行绑定,推动"一带一路"线上的双边合作、第三方合作。

第三,在《津巴布韦关于引入人民币提议的启示》中提出,对**投资对象国**需要约法三章。以津巴布韦使用人民币提议为例,相关思考的启示是:投资对象国必须整肃金融纪律,改善营商环境,培育具有国际竞争力的有效产能。

第四,在《尼泊尔生姜产业》一文中指出,对于**投资项目**而言,尼泊尔生姜产业例子的启示是:中国的投融资理念需要突破单一项目的视野,发展整合基础设施和产业投资的一揽子投融资模式,在全球价值链的视野下推动"规划先行""打捆贷款"。

以上四个角度未必全面,但是将为我们建设性地思考"一带一路"投融资机制,尤其是中国如何有效地参与其中,提供现实的切入点。

"一带一路"倡议获得国际社会的强烈反响

2013年,习近平主席在出访中亚、东南亚国家期间,分别提出了"丝绸之路经济带""21世纪海上丝绸之路"的共建倡议,引发了国际社会的关注。"一带一路"倡议已经提出4年多,2017年1月17日,习近平主席在达沃斯世界经济论坛发

全球经济和中国经济：穿越无人区

表的开幕主旨演讲对其进行了总结：至今已有100多个国家和国际组织积极响应支持，40多个国家和国际组织同中国签署合作协议，中国企业对沿线国家投资达到500多亿美元[①]。这些数据体现了"一带一路"倡议所取得的进展和在国际范围内获得的认可。

关于"一带一路"倡议的内涵，2015年3月国家发展改革委员会、外交部、商务部联合发布的《推动共建丝绸之路经济带和21世纪海上丝绸之路的愿景与行动》进行了具体阐述。其中的"五通"，即政策沟通、设施联通、贸易畅通、资金融通、民心相通，是对"一带一路"内涵的重要概括。"五通"当中的资金融通，是"一带一路"建设的重要支撑。"一带一路"沿线国家，尤其是一些发展中国家，迫切需要深化金融合作，推动国际货币、金融体系的稳定，发展投融资体系和信用体系建设。

2008年国际金融危机之后，在全球经济陷入长期停滞（secular stagnation）的背景下，发展中国家本身建设的资金需求就在趋于上升；而与此同时，发达国家的国内金融市场普遍面临严峻挑战，对发展中国家提供投资（尤其是长期基础设施投资）的能力出现下降；此外，原有国际多边开发性金

---

① 习近平：《共担时代责任 共促全球发展——在世界经济论坛2017年年会开幕式上的主旨演讲》，《人民日报》2017年1月18日第3版。

融机构的投资能力也远远无法满足发展中国家,尤其是"一带一路"沿线国家的长期建设资金需求。在此背景下,"一带一路"倡议所涵盖的"资金融通"内容,必然引发沿线国家的高度关注。例如,丝路基金、亚投行、金砖国家新开发银行等新机制的成立,引发了"一带一路"沿线国家的强烈反响。

"一带一路"沿线国家的融资需求巨大

但是,"一带一路"沿线国家的投融资机制建设当中,也面临着诸多风险与挑战。尤其是沿线国家的基础设施项目投资需求巨大,其中以"设施联通"当中的交通基础设施项目最为重要,很多研究机构都对全球在未来15年间这方面的投资需求进行了测算。不过各机构的测算结果差异很大,从波士顿咨询公司的7万亿美元,到布鲁金斯的27.2万亿—31.4万亿美元,差异达到4倍左右。不过OECD(2012)、UNCTAD(2014)、World Bank(2013)的结果则更接近较小值的情形(如表1所示)。但即便按照测算的下限来看,全球基础设施项目投资需求也非常巨大。

全球经济和中国经济：穿越无人区

表1　对交通基础设施投资需求的测算（2015—2030年）：
2015年不变价，万亿美元

	交通基础设施	国家范围
Brookings（2016）	27.2—31.4	全球
Mckinsey Global Institute（2013）	25.8	全球
New Climate Economy（2014）	14.8	全球
OECD（2012）	9.6	全球
UN Sustainable Development Solutions Network（2015）	9.5	全球
UNCTAD（2014）	5.3—11.7	全球
IWEP（2017）	7.3	全球
Boston Consulting Group（2010）	7.0	全球
World Bank（2013）	4.1	发展中国家
IWEP（2017）*	2.9	"一带一路"沿线国家
国务院发展研究中心课题组（2017） **	1.4	"一带一路"沿线国家（除中国之外）

注：* IWEP（2017）的预测口径稍小，不含2015年，只是从2016—2030年，而且交通基础设施只包括铁路、公路和航空，未包括内陆水运和海运基础设施（这方面数据严重不完整）。按照OECD的基础设施数据库可得的有限数据进行测算，后两者建设资金通常占比较小，在10%以下。

** 国务院发展研究中心课题组（2017）① 的测算口径较为特殊，具体来说：时间跨度为2016—2020年。测算的基础设施项目，除了交通基础设施之外，还包括能源、市政公共基础设施。

我们的研究团队对"一带一路"沿线国家的交通基础设施投资需求进行了测算②，在我们测算的基准（benchmark）情形

---

① 国务院发展研究中心课题组：《"一带一路"基础设施投融资需求及中国角色》，《调查研究报告》2017年第17号（总5092号）。

② 我们发现：经济发展水平（单位劳动力GDP）与基础设施发展水平（WEF基础设施评分）具有很强的相关性。即使我们不对这种关系的因果方向进行分析，也可以利用这种相关性、基于经济发展水平对基础设施发展水平进行估算和预测。

中：2016—2030 年，"一带一路"沿线国家的投资需求将达到 2.9 万亿美元①。

从空间角度来看测算结果，我们可以观察"一带一路"建设的六大国际经济合作走廊，其交通基础设施建设的投资需求分别为：中巴经济走廊 250 亿美元，中蒙俄经济走廊 990 亿美元，中国—中南半岛经济走廊 1640 亿美元，孟中印缅经济走廊 1950 亿美元，新亚欧大陆桥经济走廊 7470 亿美元，中国—中亚—西亚经济走廊 7920 亿美元。

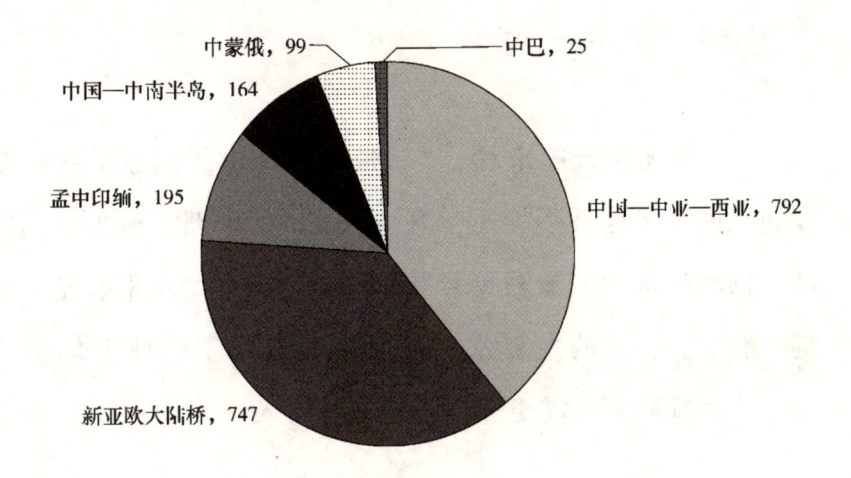

图 2　六大走廊的交通基础设施投资需求：2016—2030 年
（2015 年不变价美元，10 亿）

说明：投资需求中不包含中国。

资料来源：IWEP（2017）。

---

① IWEP：《"一带一路"投融资机制研究报告》，中国社会科学院世界经济与政治研究所课题组，2017 年。

全球经济和中国经济：穿越无人区

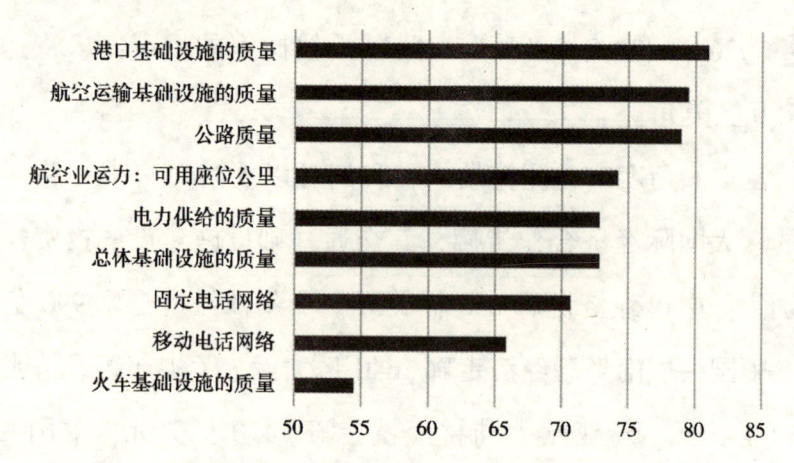

```
港口基础设施的质量     ████████████████ ~81
航空运输基础设施的质量 ███████████████ ~80
公路质量              ███████████████ ~79
航空业运力：可用座位公里 █████████████ ~75
电力供给的质量         ████████████ ~73
总体基础设施的质量      ████████████ ~73
固定电话网络           ██████████ ~70
移动电话网络           ████████ ~66
火车基础设施的质量      ████ ~55
                     50  55  60  65  70  75  80  85
```

图3 "一带一路"沿线国家各项基础设施排名的平均值

说明：样本国家共138个，第69.5名为全样本的中间排名。

数据来源：WEF（2016—2017）①，笔者整理。

从分项基础设施来看，"一带一路"沿线国家的各项基础设施发展水平也并不均衡，海港、航空、公路、电力、固定电话等领域的基础设施发展水平都低于全球平均水平。尤其是海港、航空、公路的发展水平，都显著滞后于全球平均发展水平。这些领域都急需更多建设资金的投入。

"一带一路"沿线国家的融资需求背后是不可忽视的各种风险

但是需要并不等于有效需求。很多发展中国家政治环境不

---

① WEF, "The Global Competitiveness Report 2016–2017", www.weforum.org, 2017.

稳，社会矛盾和制度问题根深蒂固，财政和货币纪律失控。这类国家和经济体，对基础设施投资也可能会有较大的需要，但却未必有充足的偿付能力。Xu、Gao 和 Liu（2016）根据"一带一路"沿线国家的融资需要测算，将其与国家主权信用评级数据库进行对接，并剔除中国本身，从而得到了中国之外、发展中国家总体融资需求的信用分布情况。研究结果显示：如果发展中国家的主权信用评级没有大的变化，那么 2020 年的基建投资总体融资需要当中，约有 16% 来自无评级国家，35% 来自投机级国家，只有 50% 来自投资级国家。同时，2020 年的基建投资总体融资缺口当中，投资级国家占比更低，只有 39%，剩下的六成都来自投机级国家（44%）或者是无评级国家（18%）。

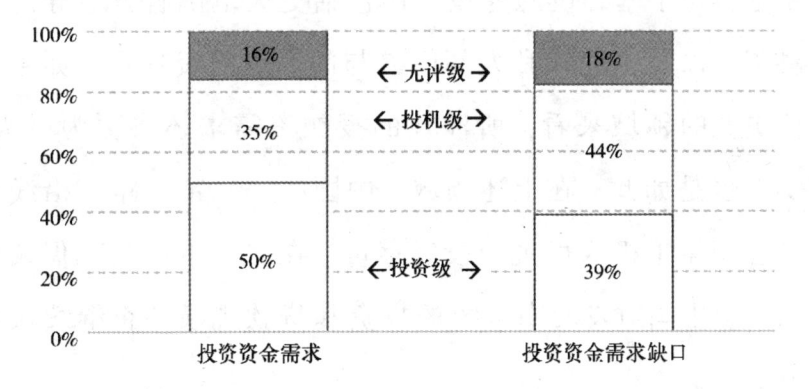

图 4　发展中国家基建投资：资金需求及其缺口的主权信用评级结构

数据来源：Xu、Gao and Liu（2016）①。

---

① Qiyuan Xu, Bei Gao and Dongming Liu, "What AIIB Means for the Development Finance System? A View from China-US Relations", in Zhiyue Bo (eds.) *China-US Relations in Global Perspective*, Victoria University Press, Wellington, pp. 136 – 154. Forthcoming, 2017.

全球经济和中国经济：穿越无人区

可见，在参与"一带一路"投融资机制建设过程中，中国将面临较大的风险。不过我们也要看到，不同类型项目在投融资机制方面也是有差异的，有些项目本身具有可持续的收入来源，即便在信用评级不高的国家也可能具有可持续的投资条件。甚至我们还可以对不同类型的项目进行打包、整合，使得没有收入来源的项目和有持续收入来源的项目相结合，从而构建更具有包容性、普惠性的投融资机制。在这方面，中国的开发性金融机构不仅在国内，而且在国际范围也已经做了很多有益的尝试。

以上我们主要介绍了基础设施的投资需求，但是，在中国参与"一带一路"投融资机制建设的过程中，所涉及的资金需求远不止于基础设施建设。还包括更大范围官方主导的发展融资，以及企业和私人部门参与的商业投资项目。如果从这些更宽的领域来看，所涉及的投融资需求还将更为巨大。事实上也是如此，在上述领域，中国在"一带一路"沿线国家已经积累了极为可观的投资存量。在"一带一路"倡议的背景下，中国对发展中国家的投资和贷款规模还将继续快速上升。

而"一带一路"沿线国家的巨大投资需求背后，隐含着巨大风险和不确定性，在此背景下，如何确保中国对外投资和贷款的安全——这是中国对外提供投资的底线，同时也是中国资本可持续地发挥国际影响力的基本条件。为此，中国需要完善领事保护制度，完善事前评估和预警，加强海外军事存在。除此之外，我们还可以从投资主体、投资伙伴、投资对象国、投资项目这四个角度做进一步的分析。这些角度的分析，都将在下文中逐一展开。

（本文写于2017年9月）

投资主体：中资银行在非洲的南北合围布局探索

21世纪以来，非洲国家经济发展迅速，成为全球市场的一大亮点。与此同时，中国金融机构也开始在非洲积极布局。2007年，中国工商银行以55亿美元收购南非标准银行20%的股份，之后又进一步参股，成为南非标准银行最大股东，间接覆盖了非洲20个国家的网络。2011年6月，中国人民银行与非洲开发银行签署了涵盖基础设施、农业、清洁能源等方面的双边合作协议。2014年3月，中国国家开发银行与英国巴克莱银行和法国兴业银行签署合作协议，为扩展非洲业务铺平了道路。此外，中国银行、中国建设银行、中国农业银行等金融机构也纷纷在非洲启动了布局。

和其他的新兴经济体、发展中国家一样，非洲的金融市场体系也不成熟。非但如此，非洲国家经历的殖民历史时期较长、独立时期较短，经济和金融体系与历史宗主国的关系仍然较为密切。在这样的高成长经济体布局，就需要对其政治、经济、金融生态环境较为了解，从而以合适的切入点进行金融布局。

从商业银行体系来看，非洲的银行机构可分为三类：第一类是本地银行，如南非标准银行，其网点覆盖近20个非洲国家；第二类是原宗主国大型银行在非洲开设的分支机构，如法国的商业银行，是非洲银行的主力之一；第三类是外资银行，如美国花旗银行集团，它于20世纪60年代中期后进入非洲市场；和新近以中国为代表的新兴经济体的银行。

在此，我们给出中资金融机构布局非洲的两大方向：一方面，从北向南，以巴黎金融市场作为欧洲与非洲的连接点，布局中非和西非14国的金融市场，这类布局主要涉及的是法语区国家。另一方面，从南向北，通过参股和控股南非金融机构，对南部和中部非洲国家的金融机构进行布局，这类布局主要涉及的是英语区国家。后者的一个例子，就是工商银行通过南非标准银行，为其在非洲的布局打开了空间。

从南向北：南非是辐射非洲的起点

从非洲主要国家的政治经济环境来看，南非地区政治环境相对稳定，中南双边经贸发展迅猛，南非的人民币离岸业务发展更加具有长期稳定的优势。从南非的金融体系本身来看，南

全球经济和中国经济：穿越无人区

非不但拥有健全的制度和法律体系，在国际上有良好的信誉，而且也拥有相当完备的金融体系和基础设施，金融监管体系也较为成熟。

此外，南非也是历史上英属非洲殖民地发展相对较好的地区，和其他历史上的英属非洲殖民地也有密切联系。比如历史上的英属南非公司曾经直接管理过津巴布韦和赞比亚（即历史上的南罗得西亚、北罗得西亚），再如，南非兰特也在莱索托、斯威士兰、纳米比亚作为流通货币，充当区域金融体系稳定的核心。以南非标准银行为例，其分支机构和网点也覆盖了近20个非洲国家。

作为历史上的宗主国，英国的一些银行在非洲也有着较广泛的网点覆盖，例如英国巴克莱银行在南非、博茨瓦纳、肯尼亚、坦桑尼亚、乌干达、赞比亚和加纳有分支机构，在毛里求斯和塞舌尔等海岛也有业务活动。

以此为背景，中国银行业在非洲从南向北的布局，大体可以有三种模式：其一，可以借鉴中国工商银行在南非、中国银行在肯尼亚的清算业务开展路径，发挥中资银行海外机构的清算代理行的作用，加快人民币全球清算和结算网络的形成。其二，借鉴工商银行收购南非标准银行的模式，与南非或其他非洲本土银行合作，搭建人民币跨境贸易结算和投资的平台，间接辐射其他非洲国家。其三，与英国银行合作，在银行间建立起委托、代理的业务关系，甚至更为紧密的合作安排，包括参股、控股等形式，通过英国银行的网络来实现短期内对非洲市场的覆盖，实现共赢。

从北向南：巴黎是欧洲与非洲的连接点

在人民币离岸市场以及中资金融机构的海外布局的过程当中，北美和欧洲的金融市场较为成熟，是布局的重点选择。在此过程当中，美国态度相对消极；欧洲各个金融中心则态度积极，甚至踊跃。

在欧洲的诸多国际金融中心当中，伦敦、巴黎、卢森堡、法兰克福等各具特色。伦敦一直处于全球金融中心的核心地位，理所当然地成为中资金融机构在欧洲布局的首选。但是作为重要的金融中心，巴黎也同样值得关注。对巴黎的金融圈人士而言，他们甚至认为，巴黎在人民币离岸市场的建设、中资金融机构布局等方面，有着伦敦不具备的先天优势。

与欧洲其他的国际金融中心相比，巴黎的独特优势在于：巴黎为非洲14个法郎区国家提供着相当规模的金融服务。由于历史原因，非洲有14个国家组成的法郎区，包括中非货币联盟（CEMAC）和西非货币联盟（WAEMU），其货币获法国财政部保证可自由兑换为欧元。因此，中资金融机构布局巴黎，不但有助于在欧元区开展金融业务，而且还间接有助于在中部和西部非洲拓展金融业务。

全球经济和中国经济：穿越无人区

那些年一起走过的法郎区国家

在独立之前，这些法郎区国家多为法国的殖民地，最早也直接使用法国法郎作为流通货币。1945 年起，这些国家开始使用非洲殖民地法郎（Colonies francaises d'Afrique）作为通用货币，该货币与法国法郎保持固定平价，简称非洲法郎或非郎。

进入 20 世纪 60 年代，原法属赤道非洲国家组团建立了中非货币联盟（CEMAC），成员国包括赤道几内亚、刚果共和国、加蓬、喀麦隆、乍得以及中非共和国；原法属西非殖民地国家建立了西非货币联盟（WAEMU），成员国包括贝宁、布基纳法索、多哥、几内亚比绍、科特迪瓦、马里、尼日尔以及塞内加尔。

目前，中非国家银行（BEAC）为中非货币联盟（CEMAC）国家的中央银行，其法定货币为"中非金融合作法郎"，俗称中非法郎（Central African CFA franc）；西非中央银行（BCEAO）为西非货币联盟（WAEMU）国家的中央银行，其法定货币为"非洲金融共同体法郎"，俗称西非法郎（FCFA）。各国中央银行均在法国财政部设立"业务账户"，并将其大部分外汇储备存入这个账户，以保证其货币与欧元的自由可兑换，而法国财政部则扮演着法郎区央行盟主的角色。在欧元区诞生之前，非洲法郎一直与法国法郎直接挂钩，其后改为与欧元直接挂钩，但是这种货币合作机制始终是根本。

布局法郎区国家之困

中资银行要在这些法郎区国家布局，一方面有日益密切的经贸关系作为基础；但是另一方面，中国与这些国家的双边金融合作较少，银行网点布局也几乎是白纸一张。中资机构布局非洲法郎区国家面临举目无亲的处境。

具体而言，从双边经贸关系来看，目前，非洲法郎区国家均与中国建立起较为密切的双边经贸联系。据中国商务部统计，中国和这些非洲法郎区国家的双边贸易每年可达200多亿美元的规模，双边进出口贸易具有较强的互补性。同时，对这些国家而言，毫无疑问，中国是这些国家的重要贸易伙伴。一般而言，中国占到这些国家对外贸易总量的20%。此外，中国还对非洲法郎区内各成员国开展了大规模的经贸援助与合作项目，项目主要集中于基础设施建设领域，如水电站、公路、工厂、医院、体育场建设项目等。与此同时，中国地质工程总公司、中国葛洲坝集团公司、中兴公司、华为公司等大型中国企业已在部分非洲法郎区成员国内开展业务。

但是，中国与非洲法郎区国家的双边金融缺少合作。由于历史的原因，这些国家的金融体系与法国尤其是巴黎金融市场紧密相连。同时，中资银行在非洲法郎区国家的布局也基本是空白，例如，中国工商银行通过参股南非标准银行，间接覆盖了非洲南部和中部的20个国家，但是在非洲法郎区国家也缺乏网点布局。这种情况，反过来又制约了中国与非洲法郎区国家的经贸往来和直接投资。

布局法郎区国家之解

在现行货币制度下，中非货币联盟（CEMAC）与西非货币联盟（WAEMU）在各自的成员国之间已实现了跨境资金的自由流动，中国商业银行只需在联盟内任意一个成员国境内获得外汇从业资格，就能够为联盟内其他成员国的企业和居民提供外汇兑换服务。

因此，为规避相关国家的政治风险，提高相关谈判的效率，中国政府可以通过加强与法国在非洲运营银行合作，加强与非洲本地投资者的金融联系，增强互信程度。然后，发挥巴黎作为全球人民币离岸市场的作用，在中非贸易之间增加人民币计价和结算的比重，并且增加对非洲的人民币直接投资。

最后，可在中非货币联盟（CEMAC）与西非货币联盟（WAEMU）中各自选择1—2个国家作为重点合作对象，引导有条件的中资银行在相关地区进行网点布局并从事人民币挂牌兑换业务。从目前情况来看，中非货币联盟（CEMAC）中的刚果共和国、喀麦隆与西非货币联盟（WAEMU）中的多哥较适合成为人民币与非洲法郎的重点合作伙伴。

（本文写于2017年9月，作者为徐奇渊、肖立晟）

投资伙伴：马歇尔计划的启示

西方国家在国际游戏规则中几个世纪的长袖善舞，对现阶段的中国政策也有诸多启示。虽然"一带一路"倡议绝非"中国版马歇尔计划"①，但这并不妨碍我们在投融资机制、方法论层面汲取一些经验。

在推动对象国经济改革方面，马歇尔计划给出了可置信的惩罚机制

第二次世界大战后，美国向欧洲国家推出马歇尔计划，着力于维护市场机制发挥作用，为受援国经济可持续发展创造制度条件。西欧长期的战时管制影响深远，在战后艰难复苏的过程中各种管制并未自然减少，相反，甚至出现了更多的管制和

---

① 金玲：《"一带一路"：中国的马歇尔计划？》，《国际问题研究》2015年第1期。

利益集团之间的内耗。马歇尔计划则要求受援国作出更加市场化的承诺，这些承诺包括放松价格管制、平衡政府预算、保持金融稳定、保持汇率在合理水平、降低和消除配额和各种贸易管制。这就从外部约束的角度，打破了西欧国家走向管制和计划经济的惯性，为西欧经济起飞创造了良好基础[1]。

与此同时，提供融资的计划也要包含可置信的惩罚机制。美国在战后的马歇尔计划当中就加入了可置信的惩罚机制。当时，美国要求受援国每接受1美元的援助，就要在对应账户中存入相应规模的本币，而这个账户的资金，用途就由美国政府说了算。这意味着，美国政府每1美元的援助，都有可供支配的2美元真实资源。这种干预真实存在。例如，1948年美国拒绝法国动用这个对应账户，直到法国新一届政府承诺预算平衡措施。又如，西德政府的账户资金也曾面临延期使用的情况，直到其重新回到遵守财政纪律的正轨上。

当然，马歇尔计划的弦外之音，只是要让西欧国家重返到战前的市场竞争体系——从这个角度而言，如果要对现有发展中国家的经济体系进行重塑，难度肯定更大。甚至如果直接照搬马歇尔计划的做法，也容易招致对方国家的反弹。但是马歇尔计划的核心，是将美国提供的资金与东道国的资金进行一种

---

[1] J. Bradford De Long and Barry Eichengreen, *The Marshall Plan: History's Most Successful Structural Adjustment Program*, NBER Working Paper No. 3899, 1991.

强制绑定。在这样的约束条件下，双方的利益就形成了一致。因此，我们未必学习马歇尔计划的特别账户机制，但是可以参考这种利益绑定机制。

利用双边或第三方合作机制缓解潜在压力和风险

实际上，引入更多的参与方，这就是一种利益绑定机制。以国际银团贷款为例，该业务是国际金融市场上最重要的融资方式之一。根据汤姆森财务公司（Thomson Financial）的统计，2000年开始，全球银团贷款就已经大大超过债券和股票融资，国际上重大的项目建设、兼并收购几乎无一例外地采用国际银团贷款进行融资。2015年全年，全球银团贷款额高达4.7万亿美元，除了纽约和伦敦两大中心之外，香港是第三大国际银团贷款中心。

通过国际银团贷款提供融资，中国可以引进多样的银团投资者。尤其是以下三类投资者：（1）欧美或香港特别行政区的优质合作方。以香港为例，香港银团贷款业务经过40余年的发展已较为成熟，产生了以花旗、汇丰、渣打为代表的牵头行和参与行，其在贷款风险评估、贷款分销、定价、审查等方面形成了一整套完善的制度体系。香港发展国际银团贷款业务在操作上不存在任何制度障碍或技术难题，从而能够为国内金融业走出去分担资金压力,尤其是减少或分散商业风险。(2)东道国的当地或者该区域的金融机构,如果东道国的金融机构在其中占有可观的份额比例,也将有助于减少或避免商业风险和政治风险。(3)中国金融业的同业机构,引入这类机构既可以分担资金压力、分散风险,还能够使中国金融业同业机构在走出去的过程中形成利益一致的共同体,从而缓解互相恶性竞争的现象。

在此基础上,还可以做更多的制度安排,以确保中国投资安全。例如,在投资项目破产清算的情况下,对于优先偿还顺序的安排,应将中国银行业机构设置于较为优先的位置,同时把东道国本国机构置于较后的位置,从而使东道国金融机构的利益与中国金融机构的利益绑定,进一步达到减少政治风险、商业风险的效果。

进一步地,还可以推进国际银团贷款的证券化,提高二级市场流动性。中国发展国际银团贷款业务,不能只注重银团贷款的发起阶段,还需要积极探索推进国际银团贷款的证券化,提高二级市场的流动性,从而减少资金占用、提高资金的回报率。从国际经验来看,银团贷款的证券化形式主要有两种:一是以可转让贷款便利为主要载体的初级模式。在此模式下,国际银团贷款的牵头行与参与行之间、参与行和参与行之间、参与行和非参与行之间可以进行贷款出售和转让。这种证券化模式在一定程度上可以分散风险,提升银行资产的流动性,但参与主体主要局限于大中型商业银行,交易不够活跃。另一种是设立 SPV 的高级模式。在此模式下,原有贷款从贷款市场(信用市场)转移到资本市场,不仅能够解决银行资金流动性的问题,更重要的是使商业银行不再扮演风险中心的角色,而让那些风险偏好的投资者成为风险的真正承担者,有利于在维护银行业稳健运行的同时促进资本市场的繁荣。

此外,更为广泛的第三方合作,还可以(1)发挥欧美国家在技术、金融网络方面的比较优势;(2)减少国际社会对中国推行新殖民主义的猜疑心理;(3)提高透明度,减少中国对外投资项目在环境评估、人权问题等领域面临的批评;(4)增加东道国的违约成本,更大程度上保护中国投资的安全性。

美国经济合作署(ECA)+ 欧洲经济合作组织(OEEC)的对接合作模式也可供借鉴

马歇尔计划,是第二次世界大战后美国对西欧各国进行援助、协助重建的计划。在整个计划实施期间,美国对欧洲提供了各类援助和贷款合计约 133 亿美元。作为普遍被认为成功的投资计划,其实施推进了欧洲经济、贸易的一体化发展,最终促成了欧洲经济新秩序,并对世界政治格局产生了深远影响。

美国发起成立欧洲经济合作组织(OEEC),是该计划成功的关键之一。第二次世界大战后,欧洲各国间仍然存在较高的贸易、关税壁垒，市场分割程度较为严重。马歇尔计划则强调，"欧洲作为一个整体"的复兴是美国提供援助的条件。欧洲"经济一体化"，一方面确实有助于欧洲经济的自身造血功能，减轻美国经济负担，甚至给美国带来巨大经济利益。另一方面，也有助于大西洋联盟自身的整合，使得美国有效掌握领导地位，同时实现对苏联和德国的"双重遏制"。在此背景下，1948年美国发起成立了欧洲经济合作组织（OEEC），由16个欧洲国家组成，后又扩容到非欧洲国家，并改名为经济合作发展组织（OECD）。

同时，美国经济合作署（ECA）与OEEC进行双边对接，来具体负责马歇尔计划的落实、协调分配援助物资等。OEEC对配合马歇尔计划、整合欧洲经济起到了重要作用。例如，OEEC的协调和努力促成了欧洲支付联盟（EPU）在1950年9月的成立。这一机构促进了欧洲与美国的自由贸易，同时也使得以美元为本位的布雷顿森林体系在欧洲国家得以正常运转。

美国经济合作署（ECA）+欧洲经济合作组织（OEEC）的对接合作模式，可供中国借鉴。对于"一带一路"沿线国家当中，存在某些面临碎片化、市场分割的国际区域，马歇尔计划的启示是：可以借鉴"美国经济合作署（ECA）+欧洲经济合作组织（OEEC）"的对接合作模式。例如，在非洲、拉美的局部地区，也存在市场分割、政策缺乏协调的问题，这不仅在很大程度上制约地区的发展，而且也使得中国的援助、投资效率

全球经济和中国经济：穿越无人区

下降，甚至增加了中国的负担。在构建人类命运共同体的大主题下，中国可以借鉴马歇尔计划的模式，先行推动某些区域、次区域的市场整合。具体而言，也可以考虑依托"一带一路"高峰论坛平台，推动有关各方围绕合作构建"一带一路"合作与发展组织展开讨论，不断扩大共识，稳妥推进多边合作平台的建设。

（本文写于2017年9月）

投资对象国：津巴布韦关于
引入人民币提议的启示

2015年年初，现任津巴布韦总统、时任副总统的姆南加古瓦提议，"使用人民币作为津巴布韦法定货币"。对此，中国应该做出何种选择？

我们需要从三个层面进行分析：其一，津方提出这一建议的出发点何在，这一建议对津方的核心利益在哪里？其二，如果中方接受津方建议，那么人民币在津成为法定货币，这种移植的货币体系是否具有内在可持续性，或者其可持续性条件是什么？其三，如果考虑更长远一些，人民币在津的货币体系，是否可以复制到其他地区，这种复制可能存在什么问题？针对津的问题，本文主要从前两个层面展开分析。

津方提议人民币作为其法定货币，其意在于建立起人民币主导的法定货币体系。在这次提议之前，美元、英镑、南非兰特、人民币、日元、澳元、印度卢比、博茨瓦纳普拉、欧元，

全球经济和中国经济：穿越无人区

这9种货币都是津的法定支付货币，其中已然包括了人民币。不过目前的货币体系中，美元仍处于主导。而当时津副总统在重要会晤场合给出这一提议，显然是要大幅提升人民币在津的地位。结合津方对中国投资的期待、津方长期以来饱受英美制裁，以及外债形势严峻等背景，我们不难理解津的提议。但是津方提议，其意图可能并不在于解决货币问题本身。

在引入外国货币之前，津巴布韦面临严重的通胀。2002年，津步入100%的通胀率时代，2006年上升到1000%以上，2007年的通胀率超过百分之2万，2008年甚至高达百分之220万！后来的100万亿津元，在日本央行的货币博物馆也是个稀罕物。

高通胀的背后是货币政策为财政赤字融资，财政赤字的背后则是长期以来的内外交困：津巴布韦长期以来经济衰败，更遭受西方国家和国际组织的制裁。

2009年4月之后，津巴布韦陆续引入9种外国货币作为其法定支付货币。津巴布韦的通胀率迅速转向稳定。2010—2012年，津通胀率一直维持在3%—4%的合意水平；在初级品价格大幅下降的情况下，2013年、2014年，津通胀率分别为1.63%、-0.22%。可见货币改革后，津的通胀率已经进入正常区间。津的人民币提议，意图并不在于解决货币问题本身。

津方提议，很可能是出于财政角度的考虑。2009年之前，津通过超高恶性通胀向财政赤字提供融资，这只是拆了东墙补

投资对象国：津巴布韦关于引入人民币提议的启示

西墙。而此后津引入外国法定货币，虽然根治了通胀问题，但是在赤字财政缺乏根本变化的情况下，这种货币改革等于拆了西墙来补东墙。

由于根本矛盾并没有解决，等到货币体系回到健康状态的同时，津政府却发现：赤字财政面临着凶险的境地。2013年1月31日，津财政部陷入财政枯竭，支付完当期公务员的薪水之后，公共账户上仅余217美元。另外，津巴布韦的财政赤字过度依赖外资，这导致了财政赤字在很大程度上转化成了政府外债。

在2009年货币改革，失去了铸币税手段之后，政府外债余额从2008年的53亿美元，上升到了2013年的82亿美元，增量达29亿美元，同年政府外债余额占GDP比例为61%！而在1995—2008年间，因为可以通过高通胀获取铸币税，公共外债余额仅从50亿美元上升至53亿美元，增量为3亿美元。可见，失去通胀这种隐形税收之后，政府赤字更加严重依赖于外债了。

与此同时，赤字财政用于大规模刺激消费，并没有形成有效的生产能力，供给端一直面临"瓶颈"。因此，十多年来津巴布韦持续面临严重的国际收支失衡，2011—2013年，经常账户赤字占GDP比例持续超过20%！

总之，2009年的货币改革虽然成功缓解了通胀，却截断了赤字财政的无限融资渠道，也失去了汇率对国际收支失衡调整

全球经济和中国经济：穿越无人区

的政策渠道。按目前的状况，津方的财政状况、国际收支失衡都将难以持续，两个领域的风险都在迅速积累。

津急需改变当前的货币体系，但选择有限。

虽然物价稳定，但出于财政目的，目前的货币体系也必须要进行改变。

一种选择是回到2009年之前的状态，通过超高通胀率来为赤字财政融资。但是这种做法已经被证明具有很大政治风险，显然行不通。

另一种选择就是在引进外国货币的道路上，更进一步。也就是干脆选择某种国际货币（美元、日元、英镑、欧元，以及正在做大的人民币等）作为主导的法定货币。比如说美国，假如津以出让货币主权为条件，美国可能出于两个原因以零成本或者低成本向津提供美元：第一，印刷美元的直接成本几乎为零。第二，达成协议之后，美国有义务帮助津维持货币体系的基本稳定，提供充足的流动性。

但是，津巴布韦在美国的"独裁国家"黑名单上，以美为首的西方国家都不可能和津达成这种协议。而且，从经济上考虑，以津目前的经济基本面，即使一次性向其提供充足的美元流动性，在津美元也会通过外债偿还、国际收支逆差等渠道大量漏出，直到流动性再次枯竭。而外流的美元，将形成美国的对外负债。

对中国而言也是如此。**如果中国无条件对津货币体系托**

投资对象国：津巴布韦关于引入人民币提议的启示

底，**将面临长期沉重负担**。

如果中国向津提供一次性充足的人民币流动性，这种成本固然有限，但是，如果津巴布韦无法解决目前的产能"瓶颈"、持续的国际收支逆差，以及严重依赖于外债的赤字财政，那么在津人民币的流通就存在巨大的外部漏出窟窿。

按目前的状况，**如果津的对外贸易全部使用人民币结算，则津每年通过国际收支逆差漏出的外汇将达 200 亿人民币左右，如果考虑外债偿还，则情况更为严重**。津采用人民币作为法定货币，也就这意味着中国对津的金融体系要进行托底、维稳，那每年的货币漏出就会成为中国的沉重负担。

当然，这并不是说中国完全不可能接受津方的提议。在满足以下条件的情况下，中国仍然可以考虑帮助津建立起人民币主导的货币体系：

第一，津应整肃财政纪律，减少对扩张性财政政策的依赖，严格控制财政赤字和外债规模。第二，津尽快采取改革措施，整治、改善营商环境，吸引 FDI，通过这一渠道在中短期积累外汇，在中长期形成有效产能。第三，津需要制定中长期规划，充分利用其资源优势，形成有优势、大规模的出口产业链。同时，为国际收支实现平衡制定实施步骤和具体时间目标。

（本文写于 2017 年 9 月）

投资项目：尼泊尔的生姜产业

2012年7月27日的伦敦奥运会开幕式，第132个出场的是尼泊尔代表团。这个有着2600多万人口的国家，派出了5位运动员代表。而仅在三周前，它甚至还没决定是否参加奥运会。从功利的角度来看，这样做倒也省钱。自20世纪60年代参赛以来，尼泊尔从未在正式项目上拿过奖牌，一直扮演"打酱油"的角色。

除了旅游，在大多数情况下，尼泊尔都不是一个激动人心的话题。但这不重要，尼泊尔人享受着自己的生活，各种香料带来的嗅觉、味觉体验是他们日常生活的一部分。比如吃完饭了，大家再闲聊一会儿，顺便煮上一壶红茶，再加上牛奶或者羊奶；关键的一步是，最后再加入一点生姜。

尼泊尔人喜欢生姜。除了奶茶之外，各种咖喱、一些传统菜式的配菜，以及尼泊尔特色的酸辣番茄酱里面，生姜都是主要香料之一。2012年，尼泊尔的生姜产量占到全球的12%，在印度和中国之后，居世界第三位。同时，尼泊尔的生姜出口数量，也位列世界第三。

尼泊尔生姜：脆弱的价值链

2015年4月25日在尼泊尔发生的地震，不仅搅乱了尼泊尔人的平静生活，也给生姜主产区带来了严重冲击。根据联合国亚太区经济社会发展中心（ESCAP）2011年的报告，尼泊尔的五大地区中，西部地区的生姜种植面积最大，占全国37%。而根据联合国尼泊尔办公室发布的地震信息进行分析，西部最重要的6个生姜主产区，只有1个地区的地震烈度与首都加德满都相当，其余5个地区的烈度甚至都大于加德满都。此外，加德满都所在的中部地区，生姜种植面积占到全国的13%，也遭到地震破坏。也就是说，尼泊尔一半的生姜种植区受灾，能源、电力供应、田间灌溉、病虫害防治、交通运输遭受重创。

客观地说，尼泊尔生姜行业的价值链一直有问题，地震只是令情况恶化了。这里，我们不妨先梳理一下这个价值链条——首先是种植环节，生产者既包括分散的农户，也包括一些颇具规模的企业。收获之后，各地采购商再将生姜出售给大区层面的贸易商。然后，一部分生姜经过洗净、分等、包装之后，交由印度的代理商转售给印度的批发商，最后进入印度的零售环节。这些印度的代理商，都是活跃在印度边境城市的代

全球经济和中国经济：穿越无人区

理机构，他们按销售金额收取10%的佣金。此外，尼泊尔的一些企业也对一部分生姜进行初加工，然后再出售给印度的批发商。

这个并不复杂的价值链条，在基础设施、转运贸易等环节面临着严重的制约。与尼泊尔比邻的印度，以基础设施的匮乏而著称。奇坦·巴哈特（Chetan Bhagat）是印度一位著名的畅销小说作家，电影《三傻大闹宝莱坞》就改编自他的处女作小说。他在2014年面世的新作 *Half Girlfriend*，也一度成为印度排名第一的畅销书。在这本书里，男主角 Madhav 坐车的时候感慨道，这里的路真是太糟糕了。开车的司机淡定地说：哥们儿，这里根本就没有路！

实际上，尼泊尔的基础设施情况，比印度还要不堪。根据世界银行在2012年发布的世界发展指标，印度每百平方公里的公路长度为2226公里，而尼泊尔仅为121公里，不到印度的十分之一！而且仅就这些公路而言，还有一半是没有铺沥青的土路。此外，尼泊尔现有的铁路里程，也几乎可以忽略不计。和基础设施紧密相关，尼泊尔的能源短缺问题也十分严重，在进口大量能源的情况下，尼泊尔使用电力的电气化程度，也只有印度的60%。

因为交通设施的问题，生姜的采购、运输面临问题，因为能源短缺，生姜的栽培、加工等生产环节也是备受困扰。但是更致命的问题还在价值链的下游，包括生姜在内的大部分货物,尼泊尔只能直接卖给印度,或者通过印度中转出口。

尼泊尔北面是险峻的山脉,只有几条公路与中国相连。而尼泊尔的东、南、西三面都与印度相连,物流相对畅通。因此,作为一个内陆国家,尼泊尔的对外贸易严重依赖于印度。整体上尼泊尔的进出口贸易,对印度依赖度长期在50%以上,生姜的出口更是有60%以上去向印度。如果考虑转口贸易,则依赖度更大。

有时候,这方面因素就容易被利用。1989年,印度曾对尼泊尔进行贸易封锁。虽然此后印度与尼泊尔的贸易正常化,但是这种制裁的可能性,仍然使尼泊尔贸易面临着潜在的不确定性。即使在平时,尼泊尔要取道印度做转口贸易也面临诸多问题,例如,印度与尼泊尔相邻的3个邦,对尼泊尔的货运费率都规定了最低标准以达成默契;以某些商品的敏感性为理由,印度官方机构还垄断着尼泊尔商品对外贸易的一些保险业务;而且对尼泊尔贸易商来说,通过印度中转出口到第三国,等于要办两次通关手续,而印度方面的拖沓也经常导致商品发生滞留。

从全球价值链条来看,尼泊尔生姜产业存在内忧外患,主要表征为"不通",地震更使之雪上加霜。而生姜产业的问题,只是尼泊尔其他所有产业面临诸多问题的缩影。这些问题的解决,或许正是"一带一路"倡议对尼泊尔可能的意义之所在。

全球经济和中国经济：穿越无人区

对亚投行理念的质疑

亚投行作为"中国倡议"，从提出的那一天起，就伴随着质疑。质疑之一是，假如亚投行如中国宣称的那样并不打算取代现有多边发展融资机构，那么它与世界银行、亚洲开发银行有何不同呢？

一种观点认为，与世行、亚开行致力于减贫不同，亚投行专注于投资基础设施，为亚洲经济社会发展提供支持。但实际上，对几乎所有的多边发展融资机构而言，基础设施都是一项非常重要的业务内容。比如亚洲开发银行，就有60%的贷款集中于交通、通信、能源、水利等基础设施领域，世界银行这一比例也接近50%。如果考虑到这些机构更为雄厚的资本金，则亚投行的功能与定位并没有什么特别之处。

另外一个质疑在于中国的产能输出。亚投行及"一带一路"的布局，引发了国际上对中国输出落后产能、输出环境污染的担忧。类似"China's Plan to Export Pollution"（Bloomberg）这样的标题，不时见诸国外媒体。与此同时，日本首相安倍宣布了今后5年大约1100亿美元的亚洲基础设施建设投资计划。而且日本方面强调了"高质量基础设施"的理念，并提出推动"高质量基础设施投资"的国际标准。

对于上述质疑和挑战，亚投行及"一带一路"，应采用什么样的发展理念来进行应对？这实际上也关系到亚投行对自身业务的定位问题。

为了找到解决方案，我们不妨重新回顾一下尼泊尔生姜的故事：2013年，尼泊尔的生姜产量占到全球的12%，在印度和中国之后，居世界第三位。同时，尼泊尔的生姜出口数量，也位列世界第三。但是尼泊尔的生姜却卖不出价钱。

根据联合国粮农组织的数据：2009年的时候，中国出口的生姜产品折合单价为每吨833美元，印度是1173美元，荷兰是1407美元，而尼泊尔只有195美元！这个单价，只有中国的23%，不到荷兰的14%。如此低的价格，导致尼泊尔难以从生姜行业得到实惠。

尼泊尔出口的生姜，为什么卖不出好价钱？原因有三：

其一是品质。在尼泊尔的很多主产区，生姜品种尚未改良，纤维多、质地老。收获的时候，当地的农户从家里找到最大的袋子，装上几十斤，扛到几十里外的农贸市场卖掉。实际上，因为缺少自动化的清洗、分等设备，尼泊尔的生姜大都没有处理过就出口了。

其二是缺乏下游高附加值产业。中国人有句话，冬吃萝卜夏吃姜。生姜确实具有很多高附加值的用途。例如，生姜有抑制肿瘤、偏头痛等药用价值；同时也可用于防晕车、醒酒，甚至也可以用来生产化妆品治疗面部暗疮；此外，生姜也可以做成红糖或糖果。这些深加工的生姜产品，不但具有较高的附加

全球经济和中国经济：穿越无人区

值，而且单位重量价值高，更适合以较高的运输成本出口。

但是，上述行业在尼泊尔却没有生存空间，这不是因为没有市场需求，而是因为基础设施跟不上，这正是我们要讲的第三点原因。

尼泊尔的水利、能源、交通等基础设施建设严重滞后，导致高附加值的下游行业无法生存。根据达沃斯世界经济论坛的国际竞争力报告，在148个经济体中，尼泊尔的基础设施质量排名第132位，该指标分值仅为2.1分（满分7分）。要知道，以基础设施匮乏著称的印度，该项指标也有3.6分。

基础设施的短缺，从电价也可见一斑。即使在南亚地区，尼泊尔的电价也几乎是最高的，例如，尼泊尔的电价比斯里兰卡高18%，比巴基斯坦高43%，比印度和孟加拉高115%！

基础设施的发展滞后，不仅导致生姜的深加工遇到了"瓶颈"，而且也使生姜的种植灌溉、储存运输难以使用现代化生产方式。结果是产品品质、生产效率都大受影响。例如完成一单商品的出口，平均而言，尼泊尔需要一个半月；印度等南亚国家平均只需要一个月；而东盟国家只需半个月。

除了上述三大原因之外，导致尼泊尔生姜的低价，其实还有一个更为致命的原因——尼泊尔的大部分生姜，只能卖给印度！因为尼泊尔是一个陆锁国（land lock country），夹在中印之间的尼泊尔，北面是险峻的喜马拉雅山脉，只有南面与印度的物流相对畅通。

因此，尼泊尔的对外贸易严重依赖于印度。尼泊尔的生姜出口，60%以上都只能卖给印度。如果考虑转口贸易，那么几乎所有的生姜出口都要经由印度。由于缺乏其他的竞争性出口渠道，尼泊尔的生姜很容易被压价。

在目前这样的条件下，尼泊尔和最重要贸易伙伴印度之间，以出口初级品、进口最终品的贸易结构为主。这种贸易结构，意味着尼泊尔在全球价值链中的边缘化地位。**如果要对尼泊尔这样的经济体进行投资，那么上述问题的启发是：**

如果仅仅投资生姜的高附加值下游产业，例如医药、化妆品、糖果等行业，会因为水利、电力、交通基础设施的缺乏，而变得缺乏可行性。但是，如果直接投资于基础设施，可能也有问题。虽然基础设施具有正外部性，肯定会惠及下游的高附加值行业；但是基础设施的投资方利益在哪里？而且基础设施投资通常需要大量的资金，建设周期也长。所以，不管从哪个角度来看，基础设施投资和其他高附加值的下游产业投资，看来是不可分割的，应该作为一个整体进行规划。

最后，即使尼泊尔境内的基础设施得到了完善，生姜的国内价值链得到了延伸，但是在目前的陆锁状态下，尼泊尔的生姜也难以顺畅地融入全球价值链当中。

因此，与尼泊尔的投资合作，应强调两点：**一方面是其国内产业链的延伸**，通过基础设施、高附加值下游产业的一揽子投资规划，将尼泊尔的国内生姜产业价值链进行延伸；**另一方面**

全球经济和中国经济：穿越无人区

是和国际产业链的对接，通过国际尤其是中尼之间的交通基础设施建设，推动尼泊尔的生姜产业链融入全球价值链当中。

尼泊尔的情况具有一定的代表性，例如在印度尼西亚，其海洋渔业本身也面临国内价值链短、附加值不高，对经济发展带动效果微弱等问题。因此，印度尼西亚的海洋渔业价值链延伸及其与国际对接，也是一个可行的方案。

在全球价值链日益整合的时代，国际多边融资机构的发展理念，也需要从单一项目、单一工程，向统合上、下游产业的一揽子投资模式发展。由点及面，我们也可以用全球价值链合作的思路，来推动亚投行和"一带一路"的全面建设。

主要参考文献：

1. Yurendra Basnett and Posh Raj Pandey, *Industrialization and Global Value Chain Participation: an Examination of Constraints Faced by the Private Sector in Nepal*, ADB Economics Working Paper Series, No. 410, ADB, October 2014.

2. Economic and Social Commission for Asia and the Pacific, "Enabling Environment for the Successful Integration of Small and Medium Sized Enterprises in Global Value Chains", *Studies in Trade and Investment*, United Nations, 2011.

（本文写于2017年9月）

下篇

自序（下）：反思"摸着石头过河"

"摸着石头过河"，是邓小平同志主导的中国改革开放的重要思路，也是一种指导实际工作的方法论。对过去 40 年来的政策设计具有现实的指导意义，尤其对于大胆解放思想、积极稳妥推进改革起到了重要作用。学界一般认为，这种渐进式改革的思路使中国改革和东欧的休克疗法区别开来，是中国经济持续增长的重要原因之一。

采取这种方法论，有其一定的历史背景。在改革开放初期，我们对改革目标的认识尚未完全清晰，改革的实施路径也面临着一定的风险和不确定性。这时候，我们就需要采用渐进式、试错的方法推进改革，在实践中检验我们的想法是否对路。渐进式、试错法、实践检验是其中的三个关键词。不容置疑，"摸着石头过河"在过去一段时期发挥了重要作用。但"摸着石头过河"的发展过程中，一些结构性矛盾也日渐突出。

全球经济和中国经济：穿越无人区

"摸着石头过河"带来的问题

由于政策本身的短期色彩较浓，容易对市场预期造成两方面的影响：市场主体的行为短期化、市场主体的预期同质化。这进一步导致现今中国经济领域的诸多问题，例如居民部门的消费需求过度波动，企业部门的投资短视化、大量的重复建设和产能过剩，金融市场的剧烈波动等。

以金融市场的剧烈动荡为例：进入新千年之际，国有股减持方案出台，国内股票市场应声"躺枪"。随后减持方案被紧急叫停，但股指遭受重创。2005年6月6日，上证综合指数跌破千点。此后，关于将股市推倒重来的呼声高涨。2007—2008年，股票市场再次经历考验。在股权分置改革带来的"大小非"解禁压力下，上证综指从2007年10月6124点的历史高位快速回落，到2008年10月跌至1665点，一年之内下跌幅度高达73.8%。2015年的股市行情中，官媒看多股票市场，为"改革牛"背书。之后证监会清理配资又给了股票市场沉重一击。而2016年一开年的熔断机制，也以暂停实施而告终。

政策的试错性和易变性，不但有"半夜鸡叫"式的对市场的扰动，而且**也为各种市场谣言的酝酿提供了环境**。在经济学的教科书当中，股票的当期价值，取决于未来预期收益流的折现值。而在"摸着石头过河"的背景下，未来的政策有多少不确定性，投资者对股票价格的估值就有多大的易变性。此时，政策本身成为市场不确定性的最大发源地，同时对投资者的预期产生了持续的扰动，进而导致金融市场处于剧烈波动之中。

在企业投资行为当中，预期也是重要因素。如果政策思路长期不清晰，短期政策频繁变化，企业的投资行为也会趋向于短视。2008年金融危机爆发后，4万亿刺激方案对稳定宏观经济发挥了重要作用。在调研过程中，笔者也了解到：在危机之前和初期，已经有一些企业开始缩小生产规模、减员增效、着力提高产品的附加值。这部分企业家已经为过冬做好了准备。

出乎意料的是，4万亿刺激计划使市场迅速回归繁荣，但这批注重提质增效的企业反而错过了时机，倒是一贯粗放式经营、一直在扩大产能的企业获得了市场机会。跟规划、跑项目、申请试点——成为企业套取政策红利的手段。这些更是加剧了经营者的短期行为，导致企业经营者只关心短期利益，缺乏技术创新的动力和资本积累的积极性。

我们还看到：在高考名额调拨、城市房价限购、医疗改革等诸领域，都存在类似的"摸着石头过河"引发的各种新的失序问题。例如由于录取分数差异和名额分配不均，导致高考移民现象层出不穷；由于各个城市尤其是特大城市的房市政策变动，致使一些城市出现"离婚买房潮"，扭曲了家庭关系。一味依靠试错、"摸着石头过河"，等到行不通的时候再掉头，不但**政策声誉要打折扣**，并且影响到居民、企业、外国投资者的**预期和对政策的信心**，而且有时还将面临巨大的、难以挽回的**经济损失**（比如2015年的股灾事件）。

告别"摸着石头过河"

40年前推进改革开放时，我们在改革的目标、实施的方法很多方面并没有完全想清楚，对一些风险的估计也不足，因此需要进行不断的摸索和试错，从实践检验来得到回答。

而改革40年来，许多领域的改革已然进入攻坚阶段。我们积累了大量的改革经验，并且改革的重点、难点也逐渐清晰。这时，长期渐进式改革留给我们的主要问题，是各部门、各地区、各阶层的利益需要进行梳理。这种情况下，需要进行顶层设计，在权衡各方利益的前提下，提出激励相容的改革措施。在此基础上，明确改革目标、提出清晰的改革路径、日程表。释放清晰的改革信号，有利于居民消费更加平稳，企业投资行为更加长期化，金融市场投资者的行为更为理性。

党的十九大报告，在坚持党的领导的前提下，突出强调了"民主决策"，尤其是"**健全依法决策机制，构建决策科**

自序（下）：反思"摸着石头过河"

学、执行坚决、监督有力的权力运行机制"。我们应该放弃一味依赖于"摸着石头过河"的经验决策、试错决策，同时强化更加科学、透明的决策机制。落实政策前，要经过充分的论证和讨论，吸收专业学者、社会各阶层的意见。政策落实过程中，要对其进行有效的监督。政策落地之后，需要对政策效果进行有效的评估。科学的决策机制，可提前协调各方利益，提前考虑诸多不测因素，尽量减少实践检验的代价。

回顾20世纪80年代后期的日本，也曾错误处理了国内金融市场改革和资本账户开放的关系，过早开放了资本账户。这成为导致当时日本资产价格泡沫的重要原因之一。决策者当时也认识到了这一问题，但出于政策声誉及稳定市场预期的考虑，时任日本大藏省国际金融局局长行天丰雄，仍力荐维持资本账户开放，同时加速利率市场化改革。在行天等人的劝说下，日本政府放弃了重回资本项目管制的方案。

行天的做法，其利弊、风险有待评估，但他对于政策声誉的珍视，值得我们去细细体会。从行天的角度来看，政策信誉的建立需要数年，但毁掉只需一天；而且政策的声誉，并不是救市翻盘的能力，而是恪守承诺、前后一致，从而给市场带来稳定预期的能力。

"摸着石头过河"，其渐进、试错的特点，在一定程度上是以牺牲政策信誉、强化市场主体的短视、加剧市场波动为代价的，淡化了事前的科学决策机制，更多依赖于事后的实践检验，而实践检验的代价通常难以挽回。党的十九大已经提出要构建决策科学的权力运行机制，我们需要适时告别"摸着石头过河"的时代。

主要参考文献：

1. 王曦、舒元：《"摸着石头过河"：理论反思》，《世界经济》2011年第11期。

中国经济迈入无人区

中国炸药人文丛书

L型增长下的V型反弹：
PPI反弹的力量？

乐观和悲观的差异，只有0.2%吗？

2017年年末，笔者参加了某经济形势内部研讨会，专家们各抒己见：罗列了种种正面因素之后，一位乐观者对2018年的经济增速作出了预测——6.7%，而在大谈了诸多负面因素之后，一位悲观者给出的预测是6.5%。乐观者和悲观者的差异，难道只有0.2%吗？

经济下行和景气的差异，只有0.2%吗？

2017年的中国经济可谓大大超出了各界预期，全年经济增速达到了6.9%。2017年经济形势不但远超预期，而且较2016年的改善幅度也非常明显，出口贸易、工业增加值、工业企业

全球经济和中国经济：穿越无人区

利润、PMI 景气指数等均表现强劲。

但是，和 2016 年经济下行压力较大相比，2017 年的经济增速只是提升了 0.2 个百分点。即，2017 年经济增速为 6.9%，2016 年为 6.7%。经济下行压力较大和经济相当景气，两者之间的差异，只有 0.2% 吗？

经济周期去哪儿了？

2015 年 3 季度到 2017 年 4 季度，在这 10 个季度当中，经济增速最高值是 6.9%，而最低值也有 6.7%。最快和最慢的

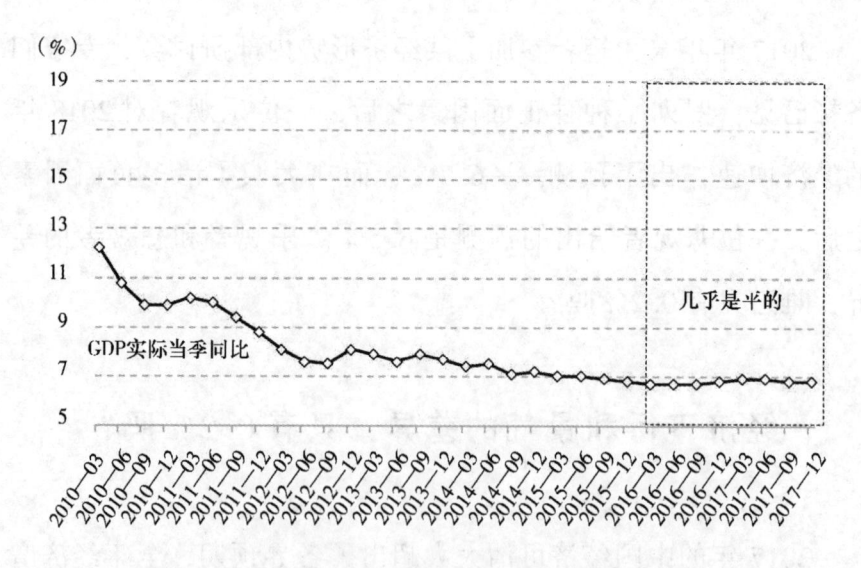

图 5　周期去哪里了：L 型阶段下 GDP 增速几乎是平的

增速仅相差 0.2 个百分点，经济增速走出了一条坦途。从过去 9 个季度的 GDP 增速来看，似乎看不到经济波动的存在，与市场的主观感受差异很大。

原来周期在这里！

前述讨论的 GDP 增速，都是实际值（不变价）口径。下面让我们改变视角，来观察 GDP 的名义增速。同样是 2015 年 3 季度到 2017 年 4 季度，在这 10 个季度当中，GDP 名义增速最高值是 2017 年 1 季度的 11.7%，最低值是 2015 年 4 季度的 6.4%，两者相差了 5.3 个百分点，而不是前面名义值的落差 0.2 个百分点。

如果看年度数据，也有这种差异。2015 年、2016 年、2017 年，三年的 GDP 名义增速分别为 7.00%、7.99%、11.23%。最高值和最低值的落差也达到了 4.23 个百分点。

可见，**经济周期非常明显地存在于名义 GDP 增速当中**。实际增速和名义增速两者之间确实存在巨大差异，那这种差异或者两者的缺口是什么——这种差异就是 GDP 口径的通胀率（即 GDP 平减指数），也就是包括 CPI 和 PPI 因素在内的全口径通胀率。

全球经济和中国经济：穿越无人区

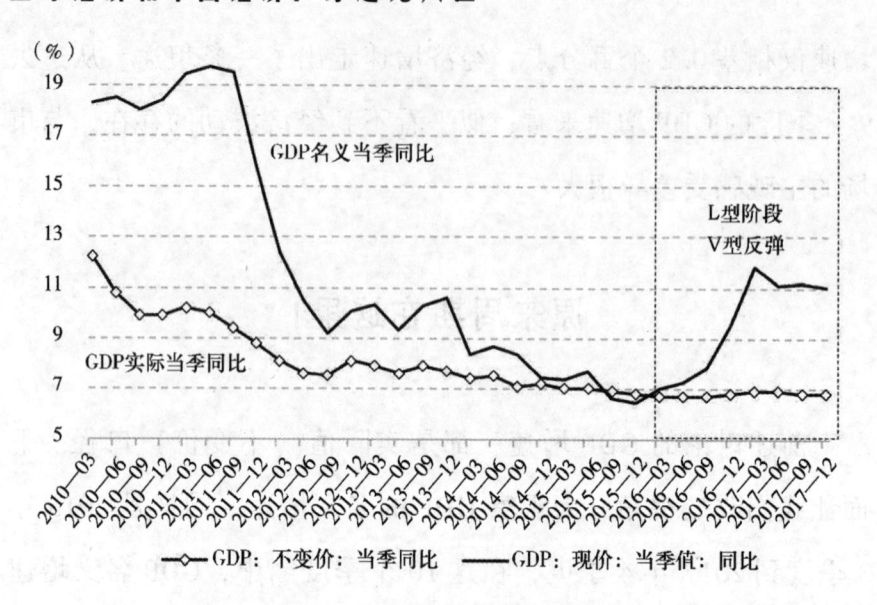

图6 周期在这里：L型阶段下的V型反弹

需要更多关注名义GDP增速

回到我们对经济增速的预测问题上来。假设在2016年年末，我们就已经知道2016年全年增速为6.7%（实际上也是6.7%），这时候某位经济学家预测2017年增速将为6.9%（事实上也是6.9%）。也就是说，这种预测是完全正确的。但是，即便2016年年末预测到了2017年年末GDP增速会达到6.9%，市场参与者还是会感受到经济形势大超预期。在名义GDP快速扩张的背景下，预测实际GDP的增速，其重要性会被削弱很多。可见，如果通胀还不是一个大的问题，在此背景下，**关注、预测名义GDP增速更加重要**。这是因为：

其一，从观察经济周期角度来看，更有意义的指标不是实际增速，而是名义增速。从前面的数据来看，名义GDP具有更强的波动性，更为显著的周期性特征。尤其是名义GDP增速的市场关注度低于实际GDP增速，因此该数据的干扰因素也更少。

其二，如果通胀不是一个大的问题，那么微观市场参与者更关心名义变量。例如，居民会更关心名义收入的增长，企业更关心名义销售额和名义利润的增长，地方和中央财政也更关心名义财政收入的增长。而所有这些关注点，都与名义GDP密切相关。在通胀率较为稳定的情况下，不会有企业拿PPI来对利润增速进行平减，也不会有地方政府拿通胀率对财政收入进行平减。同样地，金融资产价格也同名义GDP增速更加相关，而不是实际GDP增速。

其三，预测名义增速更重要，而不是实际增速。例如，回到开头的乐观派和悲观派，两者对2018年GDP增速的预测分别为6.7%、6.5%，只相差0.2%，没有什么实质的分歧。但是，两者对名义增速的预测可能差异很大，比如说可能是12%、8%——这对于生产者和投资者来说，两者含义就完全不同了。**在L型阶段，我们要更多地关注名义GDP增速。**

全球经济和中国经济：穿越无人区

当我们关注名义 GDP 增速，
我们在关注什么？

预测名义 GDP 增速有难度，难度在哪里？因为市场对实际 GDP 增速具有较大的共识，因此预测名义 GDP 的难度，主要就在 GDP 平减指数。而 GDP 平减指数主要由 CPI 和 PPI 两大部分组成，前者对应消费类的商品和服务，后者对应工业产成品和固定资产投资。其中 CPI 较为稳定，但是 PPI 的波动较大、预测难度相对较大。尤其是 2016 年以来，PPI 指数还受到了供给侧改革的较大影响。

那么，2016 年以来的 PPI 通胀率出现了何种异常的波动？这种异常波动，与供给侧改革有什么联系？PPI 通胀率反映了中国经济结构出现了哪些新的问题？这些新问题对 2017 年、2018 年的固定资产投资，乃至总需求，产生了什么样的结构性影响？这些分析都将在后文逐一展开。

（本文写于 2018 年 3 月）

PPI 反弹了，产出—物价关系变异了？

2016年1季度中国经济开始企稳回暖，这一势头已经延续至2017年年末[①]。在本轮经济回暖过程中，出口需求改善明显，消费需求稳中有升，工业企业利润快速反弹，制造业和非制造业的PMI（采购经理人指数）持续改善。同时，整体物价水平明显企稳，尤其是工业品出厂价格指数（PPI）一反多年以来持续低迷，在2016年9月逆转实现正增长，并在2017年持续保持高位增速。工业企业不但摆脱了债务—通缩风险，甚至还实现了债务杠杆率的轻微下降。在PPI快速上升的支撑下，出现了前文提到的"L型增长下的V型反弹"。不过，随着PPI的快速反弹，也出现了一些新的谜题。

[①] 2016年3月前后，制造业PMI指数、非制造业PMI商务活动指数、工业企业利润总额同比增速等指标均开始好转，成为本轮经济回暖的开始。

全球经济和中国经济：穿越无人区

GDP 增速—CPI 通胀率关系发生了变异

2017 年中国经济增速为 6.9%，CPI 通胀率为 1.6%。2016 年，这两项指标分别为 6.7%、2.0%。这两年的经济增速，均低于 2015 年的 6.9%，而通胀率水平却都高于 2015 年的 1.4%。

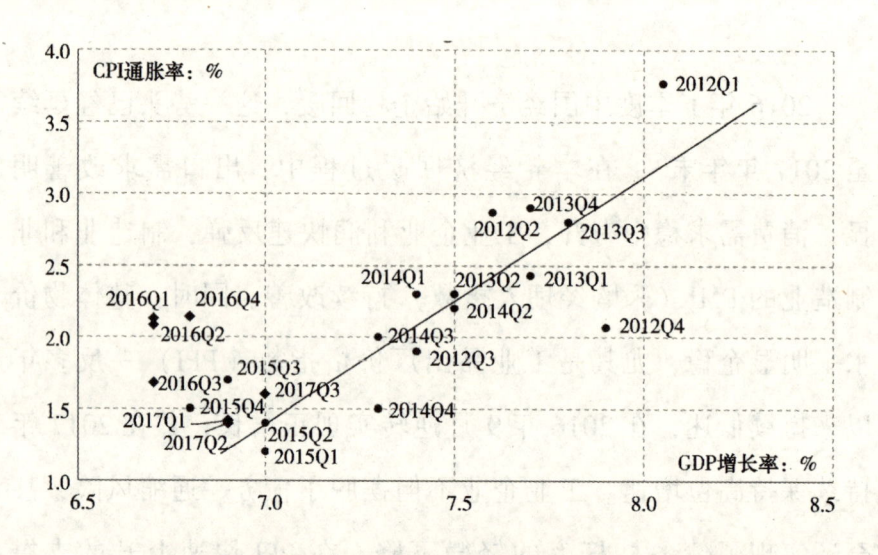

图 7　中国经济：GDP 增速—CPI 通胀率关系发生了变异

注：图中的菱形点，为 2016 年 1 季度之后的散点，圆点为 2015 年 4 季度及之前的散点。另外，趋势线对应的时期，是 2012 年 1 季度到 2015 年 4 季度。

数据来源：国家统计局、WIND 数据终端。

观察 2012 年以来 GDP 增速和 CPI 通胀率的季度散点图，可以发现：2016 年 1 季度以来的 GDP 增速、CPI 通胀率组成的

PPI 反弹了，产出—物价关系变异了？

散点，均落在趋势线上方。这表明，2015 年及以前的产出增速—通胀率关系，已经不适用于 2016 年以来的情况。2016 年年初之后，相同产出增速，已经对应着更高的通胀率，或者说，相同的通胀率水平，对应于更低的产出增速。这似乎意味着潜在产出增速水平受到了削弱，尤其是供给面可能面临一定的负向冲击。这种新的产出—通胀关系，对于我们理解本轮经济回暖有什么启发？后续文章将尝试回答这一问题。

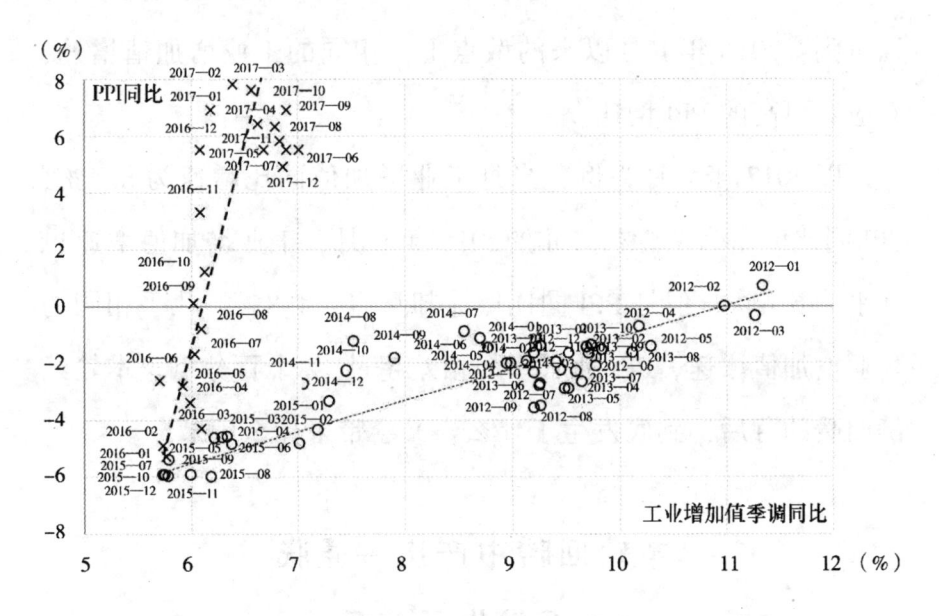

图 8 工业增加值和 PPI 同比增速两者关系发生了显著变化

数据来源：PPI 同比数据直接来自国家统计局。工业增加值季调同比，是根据国家统计局公布的工业增加值季调环比数据，转化成定基指标之后，再转化成同比数据。工业增加值季调同比增速为实际增速口径，已经剔除掉价格因素。因此，图中的关系，也是产出—物价关系的一种呈现。

全球经济和中国经济：穿越无人区

工业增加值增速—PPI 通胀率关系发生了变异

如果只看工业部门，观察工业增加值增速和 PPI 增速，产出—通胀关系的变异现象将更加一目了然。2015 年 12 月之前工业增加值增速—PPI 增速的趋势线非常平缓，但是 2016 年 1 月至 2017 年 12 月，新的趋势线非常陡峭。对比两条趋势线可以看到：2016 年 1 月以来的散点上，相同的工业增加值增速，对应着更高的 PPI 增速。

以 2017 年 2 月为例，当月工业增加值同比增速为 6.4%，PPI 同比增速为 7.8%。而在 2015 年 6 月，工业增加值增速也几乎为 6.4%，但是 PPI 同比增速却只有 -4.8%。几乎相同的工业增加值增速，PPI 通胀率却相差超过 12 个百分点。本轮经济回暖的背后，到底发生了什么？又会带来什么后果？

本轮回暖中产出—通胀关系发生了变异

事实上，通过对 GDP 增速—CPI 通胀率、工业增加值增速—PPI 增速的分析，我们已经发现：在本轮经济回暖过程中，产出—通胀关系发生了变异，尤其是在工业部门，这种变异更

PPI 反弹了，产出—物价关系变异了？

为明显。因此，在本轮经济回暖的过程中，经济增速、工业增加值的回升是其中的一面，而更为特殊的一面，则是 CPI 通胀率、PPI 通胀率的伴生关系发生了重要的变异。在经济新常态背景下，我们观察到了经济增速中枢从高速，切换到了中高速。但是通胀率却不降反升，甚至 PPI 通胀率还创下了多年来的历史新高。

如果从名义值来看，当前总体物价和企业利润均处于扩张状态。然而，企业新增投资却并不积极，剔除价格因素后的多数宏观经济指标增长有限。2016 年以来的经济回暖，与曾经的经济回暖相比，更多体现在价格回暖而非数量上升。

如何理解这种新常态下的非常态回暖，如何观察这种产出—物价关系的变异？下文将关注需求方面的冲击，从消费、出口、库存周期等角度，来观察需求冲击对本轮经济回暖所起到的作用。但是，正向的需求冲击只能解释经济回暖，无法解释产出—通胀关系的变异。后续部分，本书将从供给面的产能冲击、供给面的市场结构变化，来试图解释这种产出—通胀关系的变异。在此基础上，我们将从 PPI 的反弹，挖掘出 PPI 的行业分化，以及利润状况在行业间的分化，最后对本轮经济回暖进行评估。

（本文写于 2018 年 3 月）

需求冲击无法解释产出—物价关系变异

在上一篇,我们发现 2016 年开始到 2017 年的回暖过程中,产出—物价关系发生了变异。物价水平的回升大大快于产出增速的回升,2015 年及以前的产出—物价关系已经不适用于解释 2016 年之后的情况。是什么原因导致了这种变异?需求冲击的变化是否有解释力?

固定资产投资没有真正起到支撑作用

从 2017 年来看,中国经济强于预期,确实与总需求回暖有关系。总需求可以分解为固定资产投资、存货投资、消费、出口。其中,固定资产投资并没有真正起到支撑作用。2017 年 1—8 月,固定资产投资累计同比增速为 7.8%,而 2016 年同期,这一增速为 8.1%,2016 年全年增速也是 8.1%。可见,固定资产投资名义增速在2017年略有走势,如果进一步考虑到PPI通胀率在2017年强劲走势,则固定资产投资的实际增速将更低。

从固定资产投资的三大板块来看:(1)基础设施投资在2017年1—8月的累计同比增速为16.1%,低于2016年同期的18.3%。(2)同期,2017年房地产业累计同比增速为5.1%,同样低于2016年同期的6.0%。(3)只有制造业投资在2017年1—8月累计同比增速为4.5%,高于2016年同期的2.8%。不过正如前面描述的,如果考虑到2017年1—8月PPI增速(6.3%)大幅高于2016年的同期水平(-0.8%),则事实上2017年的固定资产投资并不是2017年总需求回暖的支撑因素。

消费、出口、存货投资支撑了需求回暖

总需求回暖的真正支撑因素,来自消费、出口,以及存货投资。从消费来看,2017年1—8月,社会消费品零售总额累计同比增速为10.4%,略高于2016年同期的10.3%。如果考虑到2017年同期CPI通胀率均值为1.5%,低于2016年同期的2.0%。消费需求的扩张至少处于稳中有升的状态。另外,从出口需求来看,2017年1—8月,人民币计值的出口贸易累计同比增速为13%,大大高于2016年同期的-1%。这同时得

益于前期人民币汇率的一度走弱，以及主要贸易伙伴的进口需求回暖。

关于存货投资，虽然诸多研究对于存货投资接下来的走向有较大分歧，但较容易达成的共识是，存货投资在本轮经济回暖过程中，起到了一定的正向推动作用。不过，在关于存货投资的争论中，一些研究对存货分析还存在误解（徐奇渊、杨盼盼，2017）。

但是，总需求回暖不能解释产出—物价关系变异

总需求回暖是事实，但是这并不能解释前文提及的产出—通胀关系变异，尤其是无法解释工业增加值增速—PPI通胀率关系的变异。如果看近两年不变价GDP增速的变化，其只有0.2个百分点的波动幅度。比起2016年之前的持续下降，这种变化相当平稳，无法解释PPI生产资料行业（采掘工业、原材料工业）价格20%到50%这样的剧烈波动。

从货币流动性来看，M2同比增速自2016年以来总体上处于下行状态，2017年以来继续保持这一趋势。2017年的M2同比增速，已经从年初的11.3%下降到8月的8.9%。如果考虑银行理财产品、同业存单等因素，计算M2+口径的同比增速，上述趋势也并不会改变（伍戈，2017）。可见，无论是实

需求冲击无法解释产出—物价关系变异

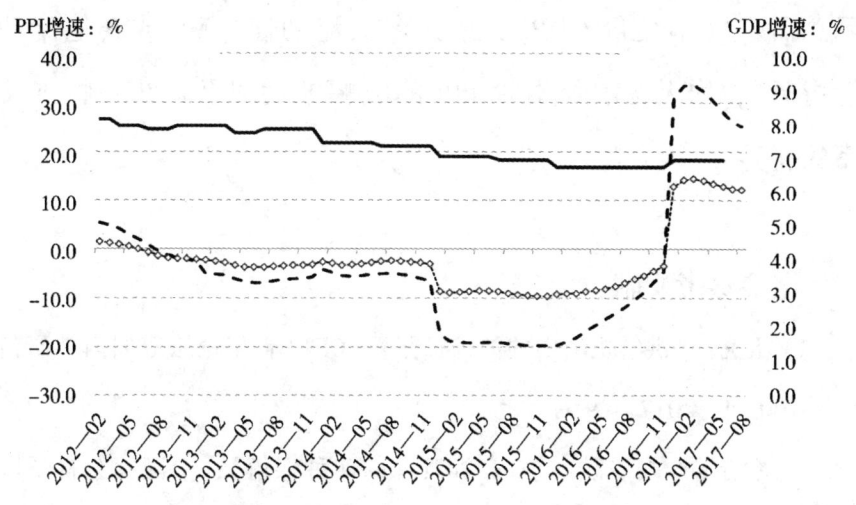

图9 实体经济的总需求扩张不足以支撑PPI增速上升

数据来源：国家统计局、WIND数据终端。

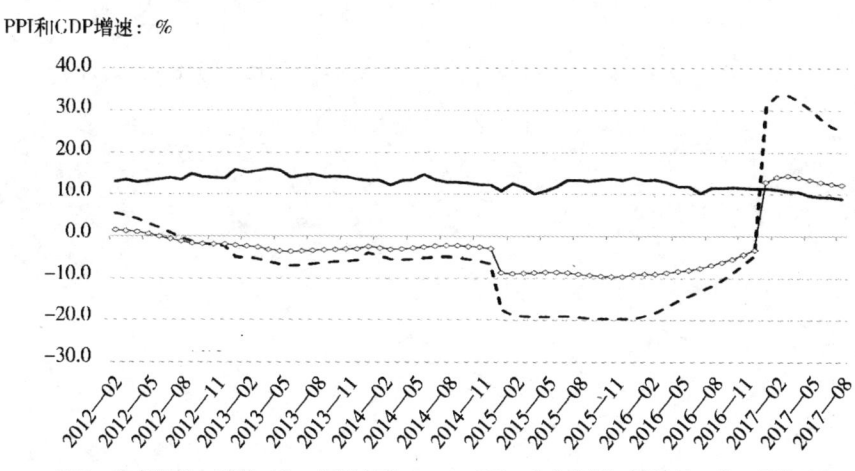

图10 流动性的扩张也无法解释PPI增速抬升

数据来源：中国人民银行、WIND数据终端。

全球经济和中国经济：穿越无人区

际总需求（不变价 GDP），还是名义流动性（M2 或其他流动性指标），均无法解释本轮 PPI 的大幅波动以及产出—物价关系的变异。

主要参考文献：

1. 伍戈：《供给扰动中的需求扩张》，CF40 青年论坛双周内部研讨会第 100 期，2017 年 9 月。

2. 徐奇渊、杨盼盼：《对存货概念的四种误解》，中国社会科学院世界经济与政治研究所全球发展展望研究系列（GDP）讨论稿 Policy Brief No. 17.006，2017 年 9 月 20 日，http：//www.iwep.org.cn/xscg/xscg_sp/201709/t20170920_3647208.shtml。

（本文写于 2018 年 3 月）

从 PPI 反弹到 PPI 行业分化：去产能政策下的产出—物价关系变异*

需求面的冲击，无法解释 2016 年以来的产出—物价关系变异。那么供给面发生了哪些冲击？尤其是供给侧改革，对产出—物价关系有什么影响？这种影响如何导致 PPI 的反弹，并进一步带来 PPI 的行业分化？

一次供给冲击：去产能带来的影响

自 2015 年年末的中央经济工作会议提出供给侧改革以来，去产能政策就开始在相关行业，尤其是一些上游行业展开。不过，去产能的政策在一定程度上衍生成为去产量，这对上游行业的供给能力带来了负面冲击。这导致相关行业产品价格上升

---

* 诚如本书序言所分析的，这篇文章对产业—物价关系的解释，可以提供一种解释，但并不必然是这种情况，尚存在其他的可能性需要进一步确认。

的同时，并未伴随产量的相应扩张。

以煤炭行业为例：本轮去产能启动于2016年年初。2016年4月，国家发改委、人社部、国家能源局、国家煤矿安监局联合发布《关于进一步规范和改善煤炭生产经营秩序的通知》，要求全国所有煤矿按276个工作日组织生产。此后，煤炭产量走势不断收紧，2016年下半年，国内煤炭供给缺口不断扩大，煤炭价格快速上涨。

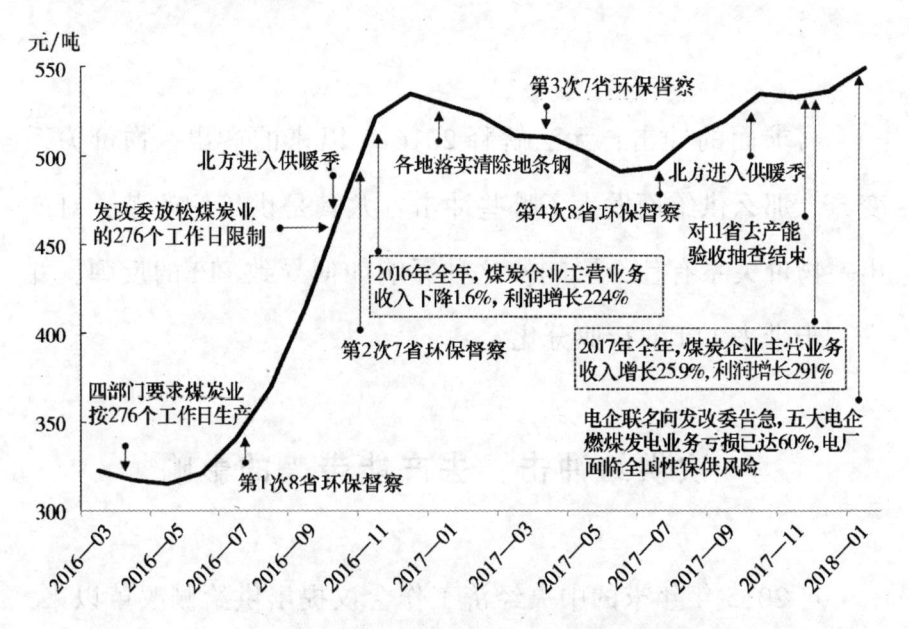

图11 影响煤炭产能的政策和全国电煤价格指数

数据来源：国家发改委、国家统计局、WIND数据终端，以及笔者根据新闻资料整理。

2016年年末，北方进入供暖季，煤炭供求缺口的压力进一步加剧。在此时点上，发改委于2016年11月放松了煤炭行业276个工作日的限制，对符合要求的煤企准许其按照330个工

· 154 ·

作日进行生产,并进一步推进中长期合同签订,以缓解煤价上涨压力。由于煤炭价格在2016年年末已经升至高位,再加上采暖季的结束,2017年年初煤炭价格的绝对水平开始回落。不过进入2017年下半年之后,全国煤炭价格又有抬升的迹象。不过随着2017年再次进入供暖季,以及去产能的抽查工作的开展,煤炭价格再次上涨并突破前期高点。2018年1月四大全国性电企联名向发改委告急,实际上五大电企的燃煤发电业务亏损面已经较大,发电企业面临尴尬的境地。

在上述价格波动过程中,4次中央环保督察,也对煤炭价格(包括其他能源、化工行业在内)产生了冲击。4次环保督察的时间分别为:2016年7月中旬至8月,2016年11月末至12月末,2017年4月末至5月末,2017年8月初至9月初。4次环保督察的立案调查或处罚数量分别为2587件、6310件、8687件、2115件,拘留人数分别为284人、265人、405人、146人。其他整治措施还包括办理案件、关停整改、问责等内容。

在去产能政策、环保督察措施的影响下,实际上煤炭产量受到了限制。在总需求扩张回暖的情况下,煤炭价格猛涨。2016年上半年,全国电煤价格水平大致处于320元/吨的水平。2016年年末,这一价格已经突破530元/吨。2017年上半年,价格稳中有降,但下半年又开始有所上升。与之相对应,2016年全年,全国煤炭企业主营业务收入下降1.6%,但是利润却大幅上升224%。2017年全年,煤炭企业主营业务收入增速转正，实现了25.9%的增速，而利润则更是猛增了291%。煤炭价格的大幅变化，会通过动力煤、燃料煤等渠道向中、下游行业传递。除了煤炭行业之外，还有一些矿产、化工行业也面临类似情况，但是一般的制造业则面临完全不同的情况。由于上游成本迅速抬升，而且这些成本难以完全转嫁，因此工业细分行业的经营状况出现了较大分化。

去产能背景下的行业PPI分化

工业细分行业的显著分化，首先表现在各行业产品出厂价格指数的变化方面。由于去产能政策发生在2015年之后，因此2015年可以作为一个比较的基础。为此，我们对比分行业PPI指数在2017年与2015年的变化。根据分行业的年度PPI同比指数，可以得到年度PPI的定基指数，然后对2017年、2015年的分行业PPI指数进行对比，从而得到各行业在两年间的PPI通胀率（2016—2017年两年），可以观察到：

30个工业细分行业的PPI通胀率，并不是普遍扩张，而是出现了非常显著的分化[①]。图12显示：10个行业的PPI增速高于工业部门整体的PPI增速（5.1%）。这10个行业中，有9

[①] 工业部门一共有39个细分行业，直接报告年度PPI数据的只有30个行业。这里的年度PPI比较，采用的是年度数据，所以只分析了30个行业的数据。后文还进一步分析了分行业的利润状况，有相应39个细分行业的数据。

从 PPI 反弹到 PPI 行业分化：去产能政策下的产出—物价关系变异

个行业是矿产资源的开采、冶炼和加工行业，以及化工类行业。其中，涨幅最高的煤炭开采和洗选业，其 PPI 涨幅达到 31%，涨幅第二的黑色金属冶炼及压延加工业（钢铁行业），其 PPI 涨幅为 26%。

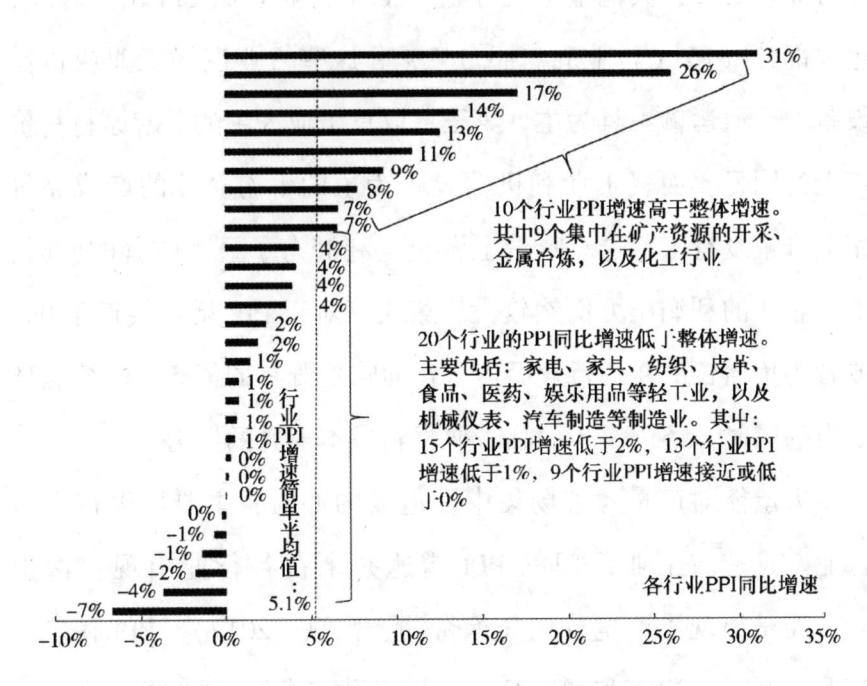

图 12 分行业 PPI 出现显著分化：2017 年与 2015 年相比

数据来源：国家统计局、WIND 数据终端，以及笔者的计算。

另外的 20 个行业，其 PPI 同比增速则低于 5.1% 的工业部门整体增速。这些行业主要涉及家电、家具、纺织、皮革、食品、医药、娱乐用品等轻工业，也包括机械仪表、汽车制造等制造业。其中，有 15 个行业 PPI 同比增速低于 2%，13 个行业

全球经济和中国经济：穿越无人区

PPI 增速低于 1%，9 个行业 PPI 增速接近 0% 或为负。

30 个工业细分部门的 PPI 增速出现了严重分化，这意味着：第一，本轮 PPI 增速上升，主要发生在矿产资源开采、冶炼和加工行业，以及化工行业。这些行业都是重工业，也是去产能的重点行业。第二，其他重工业行业（20 个行业）的 PPI 增速较低，绝大部分（15 个行业）都低于 2%。这些行业以轻工业或机械设备、交通运输工具为主。第三，以重工业为主的上游原材料价格上升明显，而轻工业和机器设备为主的下游企业的产成品价格上升幅度有限，这意味着上游企业利润有了显著改善的同时，下游企业的利润压力仍然较大。第四，对于 PPI 增速接近于 0% 或者为负增长的 9 个行业而言，在面临着既有的债务——通缩循环压力的同时，还进一步面临着原材料成本上升的压力。

去产能对产量、市场集中度造成的冲击，主要发生在上游行业。这造成工业部门的 PPI 增速并未在各行业出现普遍上升，而是出现了严重分化（徐奇渊、张斌，2017）。PPI 在矿产资源的开采、冶炼和加工行业，以及化工行业的大幅上升，一方面使得这些行业的利润迅速改善，另一方面提高了中下游行业的生产成本，使得这些行业的利润状况面临更大压力。

二次供给冲击：市场结构变化带来的影响

另一股力量，是市场自发地在工业部门实现了产能出清，工业部门的产能从爆发期过渡到平稳期。自 2010 年以来，中国的工业部门增速已经出现持续收缩。对标其他高收入国家的历史经验，中国的工业化高峰期已过，从制造业到服务业的经济结构转型势不可当。工业部门增速收缩是总产能增速下降，但产品质量提高过程，也是**产业集中度提高过程**。这个过程并非线性均匀发生，而是积聚力量后猛然爆发，然后进入新的平稳期。2011—2015 年是工业部门产能出清的爆发期，工业品价格大面积持续下跌、大量企业破产、大量产能被淘汰，产业集中度也在快速提升。爆发期过后，工业部门产能和产品质量调整到了新的阶段，产能出清实现了从爆发期到平稳期的切换。另外，在 2015 年之后，具体而言是 2016 年之后，供给侧改革的去产能、环保督察等措施，又在较短的时期内，进一步强化了市场集中度的提升。2015 年及之前的市场主导的自发集中度提升，以及 2016 年以来政策干预主导下的市场集中度提升，都使得市场结构发生了较为显著的改变。

这里仍以煤炭行业为例：最大 2 家企业对应的市场集中度，从 2010 年的 13.4% 提高到 2015 年的 15.9%，并进一步提升至 2017 年年初的 18%。最大 4 家企业口径的集中度，从 2010 年的 17.7% 提升到 2015 年的 24.2%，并进一步提升至 2017 年年初的 26.3%。最大 10 家企业口径的市场集中度，从 2010 年的 28.3% 提升至 2015 年的 41.7%，并在 2017 年年初上升至 43.4%。整体上，在 6 年多时间中，上述 3 个口径的市

全球经济和中国经济：穿越无人区

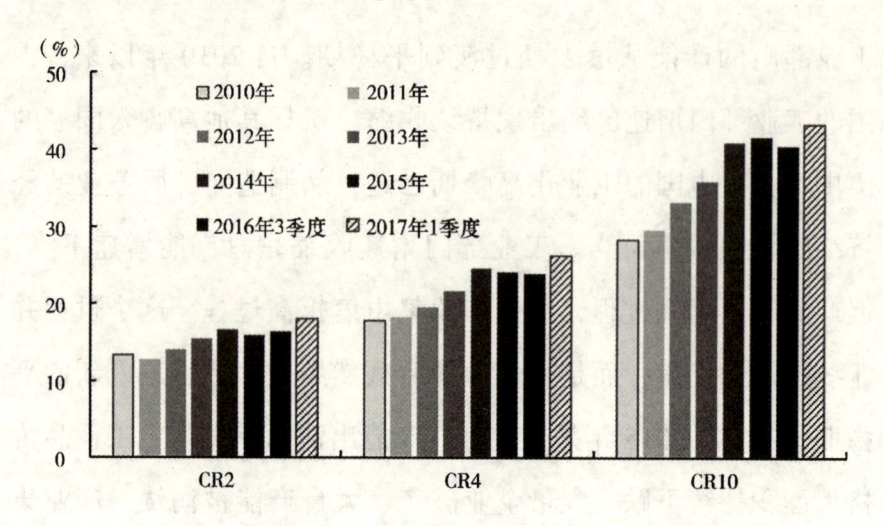

图 13 煤炭行业集中度有显著提升：2010—2017 年

注释：CR2 为行业最大 2 家企业产量在全行业中的占比，CR4 和 CF10 分别对应于最大 4 家、最大 10 家的市场集中度。

数据来源：WIND 数据终端、中国煤炭工业协会、海通证券研究所（姜超、于博，2017）。

场集中度分别提高了 4.6、8.5、15 个百分点。与欧美发达国家相比，这一市场集中度水平并不算高，但从纵向来看变化显著。除了煤炭行业之外，化工、水泥、挖掘机等中上游行业也显示出类似特征。同一时期，钢铁行业市场集中度的变化是个例外，不过其在 2016 年也出现了稳中有升。

在市场集中度提升、产能出清进入平稳期以后，工业部门在整体上不会再次大幅、快速增加产能。世界上从制造到服务转型成功的经济体，工业部门增速再也没有长期地超出过 GDP 增速，这背后是发展阶段的力量。中国也不例外。从趋势上看，

从 PPI 反弹到 PPI 行业分化：去产能政策下的产出—物价关系变异

中国主要工业品的需求收入弹性都小于 1 且在下降通道当中。某一段时间的工业部门反弹不过是下降通道中的插曲。

三种力量交织：温和增长伴随价格快速上升

正向需求冲击带动了经济活动回暖、去产能对供给能力造成了一次冲击、市场结构变化给供给面造成了二次冲击。这三股力量同时交织在一起会怎么样？

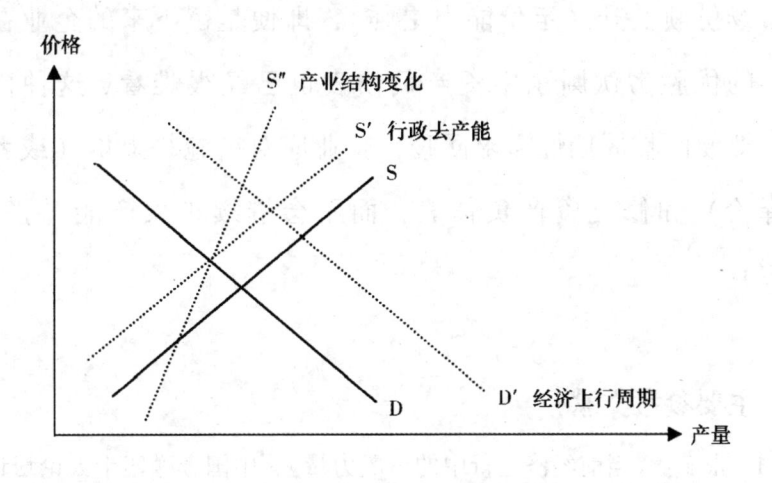

图 14　需求和供给面三种力量交织导致新的产出—物价关系

一股力量，正向需求冲击，带来的是需求曲线向右移动（从 D 到 D′）。仅依靠这个力量，我们将会看到价格和产量双双同步上涨。

另一股力量，行政去产能带来的供给面冲击，将影响到供给曲线向左移动（从 S 到 S'）。煤炭和钢铁都是重要的上游产品，这些行业调整也会影响到下游企业的供给曲线变化。

第三股力量，产能出清进入平稳期，市场集中提升和产品质量提升，对供给面造成二次冲击。这带来的是供给曲线更加陡峭（从 S' 到 S"）。在此情况下，给定价格的上涨幅度，企业扩大供给的幅度将非常有限，或者给定价格下降企业愿意减少的供给下降。市场自发的工业部门产能出清从爆发期到平稳期，市场留存下来的企业数量下降，效率高规模大的企业占据的市场份额上升（定价能力更强），即便是留下来的企业在前几年的优胜劣汰厮杀中资产负债表也已经很难看。这种格局下，即便面临周期性需求回暖，企业应对措施是提价（或者减少降价）和修复资产负债表，而不会继续扩大产能（张斌，2017）。

主要参考文献：

1. 张斌：《当前经济运行中的三股力量》，中国金融四十人论坛讨论稿，2017 年 9 月 10 日。http：//www.cf40.org.cn/plus/view.php？aid=2364。

2. 姜超、于博：《黑暗中寻找光明——周期性行业集中度测算与展望》，海通证券研究所研究报告，2017 年 5 月 25 日。

（本文写于 2018 年 3 月，作者为徐奇渊、张斌）

从 PPI 行业分化到行业利益再分配

前文已经介绍了从 PPI 反弹到 PPI 通胀率的行业分化。在此基础上，PPI 的行业分化对各行业利润状况产生了什么样的影响？

由于行政去产能对供给面造成的一次冲击，市场集中度提升对供给面造成的二次冲击，均主要发生在上游行业。这造成工业部门的 PPI 增速并未在各行业出现普遍上升，而是出现了严重分化。PPI 在矿产资源的开采、冶炼和加工行业，以及化工行业的大幅上升，一方面使得这些行业的利润迅速改善，另一方面提高了中下游行业的生产成本，使得这些行业的利润改善面临更大压力。

全球经济和中国经济：穿越无人区

供给冲击下行业利润表现严重分化

下面我们对2015年全年、2017年全年两个时期进行分析，比较39个工业行业的利润增速改善情况。将上述两个时期各行业的利润增速进行比较，可以得到以下结论（如表2所示）：

首先，有10个行业的利润增速改善幅度大于同期整体工业企业的改善幅度①。其中煤炭开采和洗选业的利润改善幅度高达425个百分点。这十大行业，除了专用设备制造业、造纸及纸制品业之外，其余全部为矿产资源开采、冶炼和加工行业，以及化工行业等重工业。

其次，有3个行业的利润增速改善幅度低于整体工业企业的改善幅度，同时又高于整体制造业的改善幅度②。还有10个行业的利润增速改善为正，但是低于制造业的整体改善情况。

最后，还有16个行业的利润增速没有改善，甚至还出现了恶化。其中电力、热力、燃气及水的生产和供应业，2017年其利润为－10.7%，较2015年增速下降了32个百分点。这些显然和电煤价格的大幅上升、成本急升有关。与整体工业部门

---

① 整体工业企业改善幅度为23.3个百分点。
② 整体制造业企业的改善幅度为15.4个百分点。

同期利润增速的大幅改善（23.3个百分点）相比，这16个行业的情况形成了鲜明对比。

表2　　　　分行业利润改善幅度：2017年与2015年相比

行业分类	各行业利润改善幅度（百分点）
高于整体工业企业的行业 （10个行业）	煤炭开采和洗选业，425 黑色金属冶炼及压延加工业，248 金属制品、机械和设备修理业，213 黑色金属矿采选业，85 有色金属矿采选业，46 有色金属冶炼及压延加工业，43 造纸及纸制品业，39 非金属矿物制品业，31 化学原料及化学制品制造业，28 专用设备制造业，28
整体工业企业	23.3
高于制造业的行业 （3个行业）	化学纤维制造业，20 废弃资源综合利用业，19 仪器仪表制造业，16
整体制造业	15.4
改善幅度为正，但低于 制造业的行业 （10个行业）	水的生产和供应业，15 通用设备制造业，14 计算机、通信和其他电子设备制造业，12 酒、饮料和精制茶制造业，9 其他采矿业，8 汽车制造业，6 燃气生产和供应业，5 医药制造业，5 印刷业和记录媒介的复制业，4 纺织服装、服饰业，1

续表

行业分类	各行业利润改善幅度（百分点）
增速没有改善以及增速恶化行业（16个行业）	金属制品业，-0 皮革、毛皮、羽毛及其制品和制鞋业，-0 非金属矿采选业，-0 文教、工美、体育和娱乐用品制造业，-1 橡胶和塑料制品业，-2 木材加工及木、竹、藤、棕、草制品业，-2 烟草制品业，-2 食品制造业，-3 纺织业，-4 铁路、船舶、航空航天和其他运输设备制造业，-4 农副食品加工业，-5 家具制造业，-6 其他制造业，-7 电气机械及器材制造业，-8 电力、热力、燃气及水的生产和供应业，-32 石油加工、炼焦及核燃料加工业，-103

注释：各行业利润改善幅度等于A减去B，其中A=2017年利润总额同比增速，B=2015年利润总额同比增速。

数据来源：国家统计局、WIND数据终端，以及笔者的计算。

9类行业利润改善在所有行业中表现突兀

在利润增速改善最大的10个行业中，只有专用设备制造业不属于矿产资源、原材料、化工业。把这个行业剔除，将剩下的9类行业称为"利润改善最大行业类"。可以发现以下结论：在2015年全年，这9类行业的加总利润为12177亿元，在规模以上工业企业总利润中占比为19%。而在2017年全年，这 9 类行业的加总利润上升至 20926 亿元，增长了 72%，其在规模以上工业企业总利润中的占比上升至 28%。两相比较，9 类行业的利润总额增速为 72%，而剔除上述 9 个行业之后，剩下 30 个行业的整体利润总额增速为 5.6%。

对于工业企业的分化，如果注意到，矿产资源和化工类行业是国有企业为主的上游行业、重工业，而其他行业尤其是 16 个利润增速缺乏改善的行业，则是典型的非国有企业为主的下游行业、轻工业。因此，这种行业利益的再分配，实际上还具有更为广泛、更多维度的经济和社会影响。

（本文写于 2018 年 3 月）

行业分化背景下：
固定资产投资走弱

我们看到，在中国经济增速温和回暖的背后，产出—物价关系发生变异是由于需求回暖的同时，供给面受到了二次冲击。这些冲击，既有来自行政去产能的影响（供给曲线向左移动），也有产能出清进入平稳期、市场集中度提升带来的影响（供给曲线斜率更加陡峭）。

供给面发生的这些变化，主要集中于矿产资源和化工类行业，这进一步体现为 PPI 增速在行业之间的显著分化，以及利润增速在各行业间的严重异化。矿产资源和化工类行业中的 9 类行业利润增速改善非常明显，而同时还有 16 个行业的利润增速没有改善，甚至出现了恶化。如果注意到，矿产资源和化工类行业是国有企业为主的重工业，而另外 16 个行业则是典型的非国有企业为主的轻工业。因此，这种行业利益的再分配，实际上还具有更为广泛、更多维度的经济和社会影响。

行业分化背景下：固定资产投资走弱

从固定资产投资名义值来看，2017年11月累计同比增速为7.2%，低于2016年同期的8.3%，降幅为1.1个百分点。由于2017年PPI增速显著上升，导致2017年实际投资增速下滑幅度颇为令人担忧。2017年3季度，**实际投资累计同比增速已降至2.2%**，而在2016年3季度，这一增速为9.5%，降幅为7.3个百分点。如果看**单个季度的实际投资同比增速**，则投资增速下降幅度更大。2017年3季度，这一增速为-1.1%，是史上有数据的十多年以来首次出现负增长，而在2016年同期，该增速为6.7%，降幅达7.8个百分点。

图15 固定资产投资增速继续下滑探底

数据来源：国家统计局、WIND数据终端。

全球经济和中国经济：穿越无人区

2015年之后的固定资产投资增速下滑主要来自工业部门

从固定资产投资名义值来看，2015年增速为10.0%，此后的2016年、2017年增速分别为8.1%、7.2%。即使不考虑固定资产投资价格指数的上升，名义固定资产投资增速也连续出现新低。其中，2016年以来工业投资的明显放缓值得关注（黄群慧，2016）。如果分产业观察可以看到，第三产业投资增速在2015年为10.6%，此后的2016年、2017年分别为10.9%、9.5%，增速基本平稳。而第二产业的投资增速，在2015年为8.0%，此后两年分别为3.5%和3.2%，增速明显下滑。可见，2015年以来固定资产投资名义增速的下降，主要来自第二产业投资的增速下降，而第三产业投资增速相当稳定。

再观察采矿业、制造业两个大类的固定资产投资，可以看到：采矿业在2015年的投资增速为-8.8%，在2016年、2017年利润大幅改善的情况下，其投资增速却分别为-20.4%、-10.0%，增速不仅为负，而且还低于2015年。同样，制造业的投资增速在2015年为8.1%，此后两年分别为4.2%、4.8%，也都较2015年明显下降。可见，不论是利润大幅改善的采矿业，还是利润改善较为有限的制造业，两类投资增速的下降，共同导致了2015年之后整体固定资产投资增速的下滑。如果考虑到2016年、2017年PPI增速的显著上升，则工业部门的固定资产投资下滑将更为明显。

为何2015年后工业利润增速明显好转，而工业投资增速却持续下滑？

这个问题可以从两方面来理解：其一，盈利状况大幅改善的行业，主要集中在上游去产能的行业，而在去产能背景下，这类行业本身就难以大幅扩大投资。其二，下游行业面临的成本大幅攀升，利润改善幅度相当有限，甚至有的行业状况有所恶化，因此也缺乏投资热情。

如果继续比较2015年和2017年整体工业部门的利润状况，可以看到：与2015年全年相比，2017年全年整体工业部门的利润总额增加了11633亿元，其中仅仅前述9类上游行业（主要是去产能行业）就贡献了8750亿元，9类行业对利润总额的增量贡献了75%，而这些行业在2015年的总体利润占比仅为19%。这是一个有趣的"二八现象"。在上述75%的贡献当中，煤炭开采和洗选业、黑色金属冶炼及压延加工业、化学原料及化学制品制造业，3类行业对利润增量的贡献分别达到22个百分点、25个百分点、13个百分点。

要注意到，其他30个行业在2015年的利润占比为81%，但是对同期利润增量的贡献仅为25%。这正是"二八"现象的另外一端。与此同时，还有 16 个行业的利润增速不但没有改善，甚至还出现了恶化，这与前述 9 大行业形成了鲜明对比。以电力、热力、燃气及水的生产和供应业为例，2015 年其利润增速为 13.5%，但是此后两年由于煤炭价格快速上升，2016 年和 2017 年该行业利润总额增速分别为 －14.3%、－10.7%。盈利状况恶化，相应地导致该行业的固定资产投资增速几乎滑向了零增长：2015 年，该行业投资增速为 16.6%，此后两年增速分别为 11.3%、0.8%。这些行业的投资走弱，也拖累了整体投资增速。

可见，2016 年以来的供给侧结构性改革，尤其是去产能的持续推进，已取得一系列积极成效，值得充分肯定。在外需条件较为有利的宏观背景下，供给侧改革可望取得更大成绩。作为供给侧结构性改革的重中之重，去产能政策的成效，还进一步体现为产能过剩企业的经营状况改善、杠杆率下降，相应地，银行贷款不良率下降、金融体系稳健性上升。但是，去产能行业的经营状况改善，很大程度上是行业之间利益再分配的结果，并以抬高其他行业成本为代价，挤占了其他行业的利润空间。在此对应关系当中，去产能行业更多集中于上游行业、重工业、国有企业，而其他行业更多集中于下游行业、轻工业、非国有企业。这不但可能对资源配置产生扭曲影响，而且一旦外需扩张中断或出现逆转，则去产能的可持续性将面临问题。因此，去产能政策确实取得了阶段性成果，但这仍然无法取代其他根本性的改革，供给侧结构性改革需要进一步向纵深推进。对供给侧结构性改革进一步推进的分析，我们将在本书第4章的文章《去产能政策的冲击和供给侧改革的进一步推进》当中进行分析。

（本文写于2018年3月）

对存货投资的唯一共识

"存货投资在经济波动中起着举足轻重的作用。这一点已在经济学家中罕见地达成了共识。但是,除这一点外,关于存货投资就没有什么共识了!"关于存货投资,IMF前首席经济学家 Oliver Blanchard 作了如是论断。

放在中国,这个论断也同样成立。2016年年末2017年年初以来,国内关于中国存货周期的判断出现了较大分歧。有的观察者认为,存货周期已经出现拐点,从这个角度来看,经济下行压力将逐渐显现。但乐观者认为,新的存货周期还只是刚刚开始,仍然可以期待较大的上行空间。由是,对存货投资的判断也进入了一个无共识区。

从国内的讨论来看,分歧和争论甚多。在这些讨论中,存货本身的定义往往缺乏明确的界定。对存货的存量本身、流量本身,以及存货的流量变化这些口径也有混淆。在本篇,我们将对存货投资的概念和共识,放到中国背景下做一个初步的梳理。在后续第二篇，我们将重点澄清关于存货研究方面的一些常见误解、误用，然后在后续研究中尝试推出一些新的存货指标。

什么是存货？

在公司财务、国民经济核算两个层面，"投资"具有不同的含义。对于"存货"概念而言也是这样。在财务层面，根据《2015国家统计调查制度》的定义①，存货是指企业在日常活动中持有以备出售的产成品或商品、处在生产过程中的在产品、在生产过程或提供劳务过程中耗用的材料或物料等，通常包括原材料、在产品、半成品、产成品、商品以及周转材料等。

而在GDP支出法核算层面，《2015国家统计调查制度》则明确了存货变动一项的核查范围，包括农林牧渔业、工业、建筑业、交通运输业、仓储和邮政业、批发和零售业、住宿和餐饮业、房地产业、其他服务业。

上述两个口径的存货定义，具有差异，这个我们留到后面再澄清。但不论是何者，存货概念都涵盖了包括产成品在内的

---

① 《2015国家统计调查制度》，中国统计出版社2015年版，第676页。事实上，在各主要行业的财务状况指标解释中，都有相同的描述。

全球经济和中国经济：穿越无人区

各类产品。或者说，存货存在于商品生命周期的各个环节，不仅包括生产环节，也包含流通环节，不仅存在于工业行业，也在其他行业存在。

基于上述定义来反思国内现有的存货周期讨论，一个常用的指标是工业企业的产品库存。但仔细比对统计局公布的相关数据可以发现，工业企业产品库存规模即是工业企业资产负债表项下流动资产里存货中的产成品规模。所以，工业企业的产品库存没有涵盖原材料、在制品等在内的非产成品存货，同时也不包括其他行业的存货。从数据来看，2016年工业企业产品库存规模累计值占工业企业总体存货的比例为38%。即使局限于工业，也有近三分之二的存货信息被遗漏了。如果从全口径库存来看，遗漏还将更大，根据可获得的各行业存货规模测算①，工业产品库存占全部库存的约24%，这时信息的遗漏超过四分之三。

此外，现有的讨论多使用工业企业产成品库存的同比，用这一指标来描述中国的存货周期。但是，如果分析目的是解释工业增加值同比、GDP同比增速，则我们观察的至少应该是工业企业产成品库存变化的同比增速，而不是工业企业产成品库存同比增速本身。对于上述关于库存概念的误解、误用，我们将在第二篇中展开分析。

---

① 除工业以外，还包括批发、零售、餐饮和建筑业的库存数据，为2015年数据。

存货投资在经济波动中举足轻重

存货变动包含在 GDP 支出法中，是资本形成总额中的一项，具体公式如下：

国内生产总值(GDP) = 最终消费支出 + 资本形成总额 + 货物和服务净出口

= 最终消费支出 + 固定资本形成总额 + 存货变动 + 货物服务净出口

从绝对规模来看，存货变动（也就是存货投资）在 GDP 中占比不大，甚至最低。2000—2015 年中国支出法 GDP 的构成当中：平均意义上，存货变动占 GDP 比重仅为 1.88%。如果以 2008 年金融危机作为分界点，则危机后这个比例有所上升。2009—2015 年，这项占比达到 2.06%。但就相对规模而言，存货变动的 GDP 占比仍然非常小，远低于消费和固定资本形成的占比，也略低于净出口的占比。

存货变动之所以受到广泛关注，特别是成为观察短期经济波动的重要参考指标，主要是基于其波动意义上而言的——这里的波动，是指存货变动的变动，或者说是存货投资的变动。我们会看到，存货变动的变动幅度，远高于整体 GDP 的变动幅度和支出法其他各项目的变动幅度。因此，存货变动成为增长不稳定的重要来源。这是存货周期研究的一个背景。

全球经济和中国经济：穿越无人区

作为观察的手段之一，我们可以用变异系数（Coefficient of Variation，CV）观察支出法 GDP 各项目的波动情况[①]。即，变异系数=（标准偏差/均值）×100%。从数据上来看，2000—2015年，中国 GDP 中存货变动的变异系数是所有分项中最高的，为 58.75%，同期 GDP 总体的变异系数为 45.13%。

为了便于比较，可引入变异系数差异值，用各分项的变异系数除以总体变异系数得到。这样，如果变异系数差异>1，表示其波动相对于 GDP 更加剧烈，如果变异系数差异<1，其波动相对于 GDP 更加缓和。结果显示，存货变动的波动最为剧烈，为 1.30，高于固定资本形成总额的 1.15，高于最终消费支出的 0.91，也比净出口项略高。可见，存货变动确实是支出法 GDP 各项目中最具波动性的成分。

正是因为存货的波动程度较高，尽管其占 GDP 的规模较小，也会对增长产生显著影响。我们做一个简单的模拟，假定支出法 GDP 中不存在存货变动这一项，得到剔除存货变动后的 GDP 同比增速，并用统计局发布的 GDP 同比增速减去剔除存货变动后的 GDP 同比增速，得到二者的差值。

从图 16 中的差值可以观察到，存货变动对经济增长的影响存在两个特征：第一，存货变动表现出一定的周期性，而且

[①] 需要说明的是，由于中国支出法 GDP 各分项仅有年度数据，而季度数据无法取得，因此，这里实质上假定某一分项如果在年度具有较高的波动性，则其相应地在季度也具有较高的波动性，反之亦然。

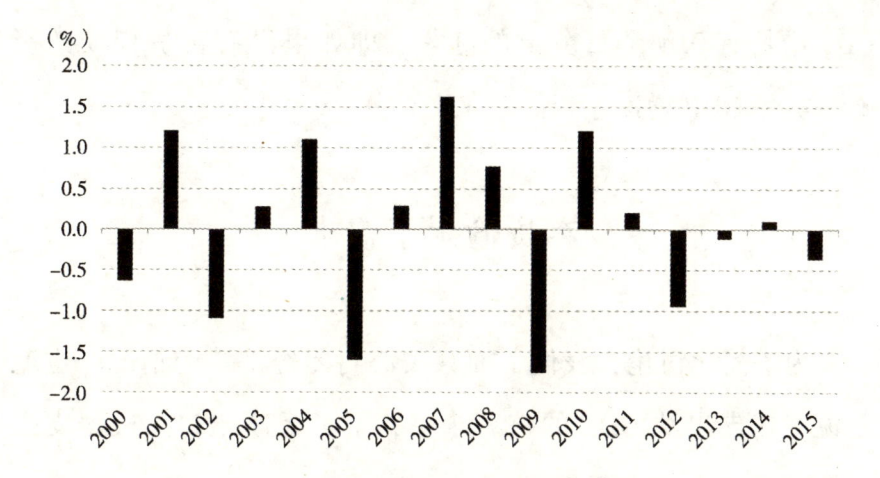

图16　存货变动对 GDP 增速的贡献

说明：差值为正，说明存货变动对 GDP 增速起到了推升作用；差值为负，说明存货因素对 GDP 增速起到了拖累作用。不过需要说明的是，这里基于支出法口径的 GDP 总量及各分项数据，均是根据 GDP 总体平减指数来剔除价格因素的，其中平减指数的基期为2000年。这样做是因为我们无法得到支出法 GDP 的分项平减指数，会导致一定的误差。直觉上，存货对应的平减指数波动性也会比较大，但这和存货平减指数的水平高低无关，因此并不会必然导致系统性的高估或低估存货投资的后果。

存货周期与整体经济周期存在一定的重合。不过由于存货周期较短，因此这里使用的年度数据的刻画并不精确。我们将在后续研究中展示更高频率的存货周期。

第二，存货变动对经济增速的影响较大，2000—2015年的影响从 -1.61个百分点到1.76个百分点波动。近年来，随着中国经济增速放缓，存货变动影响的绝对规模有所下降，但是由于经济周期的波幅也随之下降，所以存货变动的重要性仍存。例如，2015年有约 -0.4个百分点的差异，存货变动对

全球经济和中国经济：穿越无人区

GDP 增长有 0.4 个百分点的拖累，即如果没有存货变动的影响，实际 GDP 增速应当高 0.4 个百分点。

存货偷走了需求

为了简化讨论，我们下面只关心封闭经济体的情况。也就是说，在支出法 GDP 的核算当中，不考虑净出口。根据支出法，GDP 定义式如下：

国内生产总值（GDP） ＝最终消费支出＋资本形成总额

＝最终消费支出＋固定资本形成总额＋存货投资

＝最终需求＋存货投资

最终消费支出、固定资本形成总额，这两者可以看成最终需求。这时候，存货投资就是 GDP 与最终需求的差值，它反映的是一国产出中，未被最终需求所吸收的部分，最后只好剩下来，由企业自己被动消化掉。存货投资不是最终需求，过高的存货投资将会在下一期消耗掉一部分最终需求。

通常我们会认为，1998 年前后中国陷入了需求低迷的状态。但是在 1999 年第 8 期的《财经》杂志上，宋国青教授发表了一篇题为《需求被盗》的文章。他发现，1998 年的消费需求并不弱，而且由于固定投资的高增长，最终需求在 1998 年仍然增长了 9.1%。但是在 1998 年，总需求的增长率只有

6.2%，比最终需求的 9.1% 低了 2.9 个百分点。

为什么会这样？原因是最终需求被存货投资"偷走了"。1998 年，最终需求增加了 6600 多亿元。但是存货投资的下降，一口吞掉近 1897 亿元，使总需求只增加了 4700 多亿元。如果存货投资像最终需求那样增长 9.1%，从而占 GDP 的比例不变，那么它应该增加 301 亿元。实际上它不增反减，一里一外吃掉了 2198 亿元。即使 1897 亿元也是一个巨大的数量。它吃掉了固定投资增量的 53.8%，或者最终需求增量的 28.6%。

目前，我们介绍了存货的定义、存货因素的重要性，以及和存货相关概念的一些误解和误用。但更多的问题来了，我们应该使用什么指标来描述中国的库存周期？中国现在处于库存周期的什么阶段？要回答这些问题，我们还要就以下误解进行澄清，然后再试图回答前面的问题：

第一，用存货同比变化分析 GDP 同比增速；

第二，用库存名义值分析存货周期；

第三，用工业产成品库存来代替全社会库存；

第四，PMI 库存指数长期低于 50，所以制造业一直都在去库存。

我们将在下一篇对上述问题逐一进行回答。

（本文写于 2017 年 6 月）

对存货投资的四种误解

支出法 GDP 中，存货投资占比低，但波动性最大。对于理解宏观经济的短周期而言，存货投资是重要观测变量之一。不过，关于存货投资的概念，仍然存在比较多的错误打开方式，在正式开展这项研究之前，笔者也在其列。在此，将我们的一些心得分享给大家，以澄清一些误解。

错误一：用存货同比变化分析 GDP 同比增速

存货的大幅波动，会引发经济的波动。这方面的分析，一般比较常见的是存货同比变化指标，比如工业产成品库存同比增速这样的指标。不过我们要明确的是：分析对象是什么？在中国的宏观经济语境当中，我们关心的不是 GDP 有没有增长，而是 GDP 增速的变化。

GDP 本身，是一个流量指标。所以我们关注的 GDP 同比增速，是一个流量指标的同比增速。作为观测指标的存货，这是一个存量指标。作为 GDP 的一个组成部分，我们计算的不是存货本身，而是存货投资（即存货的变化）这个流量。因此，和 GDP 增速对应的变量，并不是存货的变化，而是存货投资的变化（即存货变化的变化）。观察表 3 中的两个例子，我们可以看到存货同比增速、存货投资同比增速之间存在较大的差异。

表 3　　存货同比增速、存货投资同比增速：两者的差异

	存货 （存量）	存货投资 （流量）	存货同比增速 （存量变化）	存货投资同比增速 （流量变化）
t1	100	10		
t2	125	25	25%	150%
t1	100	5		
t2	101	1	1%	-80%

存货同比增速、存货投资同比增速，这两者是不同的概念。前者适用于观察 GDP 水平值的变化，而后者则适用于观察 GDP 增速变化。同样地，当我们通过存货周期来观察工业增加值增速，也需要注意类似问题。

错误二：用库存名义值分析存货周期

微观企业财务报表中的存货，与国民经济核算中的存货，

全球经济和中国经济：穿越无人区

两者有个重要差异——美国经济分析局（BEA）将其称为存货价值调整（Inventory Valuation Adjustment，IVA）[①]。也就是说，微观企业财务报表中的存货只是名义值，而国民经济核算中的存货则是实际值，是价格调整后的口径。由于我们关注的是库存投资的变化，也就是库存变化的变化，所以价格调整过程涉及两个环节的价格平减。

首先，计算期初、期末的存货水平，为了保证期初、期末的存货规模可比，就得用期内的价格指数进行调整，比如统一将存货金额调整为期末水平。这样我们就得到了当期存货投资的测算，但这仍然是库存变化的名义值。其次，为了计算不同时期存货投资的变化，我们还要根据基期的价格水平，对各时期存货投资水平进行平减，从而得到各期存货投资的实际值，这样才能进一步计算各期的存货投资变化。

概括地说，我们关心的是库存变化的变化，所以观察第一次变化需要一次平减，而观察第二次变化也要做平减。所以存货投资的变化，涉及了两次价格平减。而平减价格指数都来自各个行业相应的 PPI 价格指数。这也是各细分行业 PPI 价格指数的重要用途之一。

进一步地说明，可以用工业产成品库存的年度数据处理为

[①] 参见 BEA, Concepts and Methods of the U. S. National Income and Product Accounts, Oct, 2016, pp. 5 – 7.

例：第一步，使用工业品出厂价格指数，对年初库存金额进行调整，然后用年末库存和调整后的年初库存得到差额，这就是基于当年年末价格水平的名义库存变动。第二步，利用各年度的工业品出厂价格定基指数，对各年度的库存投资数据进行平减。这时候，库存投资数据就是实际值口径，各年度之间的数据就可比了，可以在此基础上计算增速或变化情况。

错误三：用工业产成品库存来代替全社会库存

这是一个代表性的问题。从全社会库存的角度来看，工业产成品库存尚难以代表整体的存货变动。比对统计局公布的相关数据可以发现，工业企业产品库存规模即是工业企业资产负债表项下流动资产里存货中的产成品规模。所以，工业企业的产品库存没有涵盖原材料、在制品等在内的非产成品存货，同时也不包括其他行业的存货。

从名义值的口径来看，在工业企业总体存货当中，2016年工业企业产成品库存规模约占到38%。即使仅限于工业部门，也有近三分之二的存货信息被遗漏。如果从全口径库存来看，遗漏部分还会更大，根据可获得的各行业存货规模测算[①]，工

---

① 除工业以外，还包括了批发、零售、餐饮和建筑业的库存数据，为2015年数据。

业产品库存约占全部库存的24%，对应的遗漏部分超过了四分之三。

为了使存货指标更具有替代性，我们在后续系列研究中将给出两种替代性的存货指标。

第一种，考察全社会完整的存货变动，即考虑工业、批发、零售、建筑、餐饮等在内所有行业的存货。但由于非工业行业的库存，没有对应的月度数据，因此这种存货口径虽然完整，但只能获得年度数据。

第二种，利用制造业采购经理人指数PMI的产成品、原材料指数，构建包括两类存货在内的存货指标。这个存货指标的代表性也将比工业产成品库存有显著提升。此外，还可以结合非制造业PMI的库存指数，进一步构建代表性更强的存货指标。

错误四：PMI库存指数长期低于50，所以制造业一直都在去库存

观察采购经理人指数当中的库存指数，我们会发现：不论是原材料库存，还是产成品库存，两者的PMI指数大部分时候都低于50的荣枯线。以2012年年初开始的数据为例子，两个PMI指数只有极个别月份高于50，其他时间都低于50。

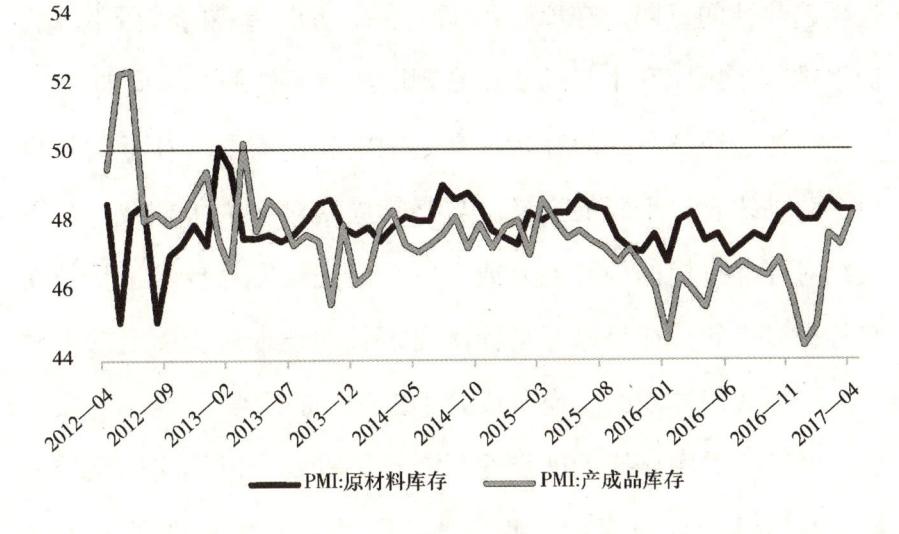

图 17　PMI 原材料库存和产成品库存

数据来源：国家统计局，2017。

那么这种情况是否意味着，中国一直在经历着去库存呢？

也是，也不是。

回答"是"，是因为从 PMI 指数的定义来看，低于 50 就是处于收缩区间，所以确实在经历去库存。但是，这种库存下降，未必反映了真正的库存周期。1985—2000 年，英国的库存指标也出现了长期下降趋势。Rob Elder 和 John Tsoukalas（2006）的解释是，这反映了存货管理的技术进步。因为持有存货是有成本的，所以在满足必要存货的前提下，存货当然是越少越好。库存指标经历长期下降，这在很多国家都能看到。

在中国，由于交通基础设施的发展、互联网技术的进步、物流行业的发展、产品预售等商业模式的兴起，库存也必然会

全球经济和中国经济：穿越无人区

呈现趋势性的下降。在库存下降是一个历史趋势的背景下，我们很难直接用库存本身的变化来判断经济所处的存货周期。

在评估经济所处的存货周期之前，我们需要对存货的临界值、荣枯线有一个新的定义。与存货周期对应的荣枯线，并不是绝对存货指标的绝对上升或下降，而是与库存技术进步长期趋势相对应的。如果库存指标落在了长期技术进步决定的荣枯线之下，我们才能断定现阶段处于去库存的阶段。

可见，对库存技术进步的判断至为重要，但是这也比较棘手。在后续系列研究中，我们假设了库存技术进步的4种情形，于是就获得了4种情形下存货周期的判定体系。在后文中，我们将会对不同结果进行比对。

另外一个技术细节也需要说明。我们之所以研究存货周期，通常是为了关注GDP、工业增加值等指标的同比增速。而PMI库存指数是一个环比口径，这是因为采购经理人在接受调查时，对比的基期一般是上个月，而不是去年同期。所以，在使用PMI库存指数研究存货周期时，我们需要将PMI指数处理成同比口径。在后续的系列研究中，我们也将在这方面做一些尝试。

（本文写于2017年6月）

盘点中国的存货和存货投资

工业产成品存货无法代表全社会存货

工业企业的产成品存货,没有涵盖原材料、在制品存货,同时也不包括其他非工业行业存货。根据国家统计局《2015国家统计调查制度》中关于 GDP 支出法核算的内容,完整的存货核查范围包括以下行业:农林牧渔业、工业、建筑业、交通运输业、仓储和邮政业、批发和零售业、住宿和餐饮业、房地产业、其他服务业。这意味着,持有存货,并影响经济周期的企业并非仅仅来自工业企业,还包括其他各类行业、各生产流通环节。这些行业的存货行为及其变动,都会对经济波动产生影响。因此,在全社会存货当中,工业产成品存货的代表性较为有限:2016 年,产成品存货约占到工业企业总体存货的 38%。如果从全社会总存货来看,根据可得的数据测算①，工业产成品存货至多只占到总体存货的24%。

中国的整体存货长什么样？

由于中国并不公布各行业与GDP核算口径保持一致的存货数据，因此我们需要对基于各个行业公布的企业财务信息中的存货数据加以整理。受到数据可得性的限制，我们只能获得**工业、建筑业、批发和零售业、餐饮业的存货数据**，不过**这些数据的代表性已经足够**，主要理由在于：

第一，产品存货主要体现在生产环节的工业和流通环节的批发和零售业，这两个环节的数据是全面的，并且，我们还可以将工业行业的存货细分为产成品存货以及包括原材料、在制品在内的非产成品存货。

第二，房地产行业待售面积并不计入存货的统计口径。如果待售面积计入存货，那么房地产行业本身的存货规模应当很大。从微观企业的会计意义上来看，房地产企业的未出售房屋也确实属于房地产业存货。但是，就宏观的GDP核算角度而言，这部分内容在GDP统计中被划分为固定资本形成，因此不在存货投资中重复计算。关于这方面的细节，我们还将另外撰文分析。最后效果是，被纳入GDP存货口径的房地产存货，只

---

① 除工业以外，还包括了批发、零售、餐饮和建筑业的存货数据，为2015年数据。

有像办公用品之类的易耗品，其规模相当小。所以，即使缺少房地产存货的数据，其影响也可以忽略不计。此外，建筑业的存货数据口径，其处理与房地产行业类似，未完工的建筑物、公共基础设施等固定资产建筑工程也不会计入 GDP 的存货。鉴于此，我们仅就**工业**、**批发和零售业**、**餐饮业**的存货数据加总分析。比较这些行业的总体存货变动与支出法 GDP 的全口径存货变动，我们会发现，二者除了在个别年份走势出现背离，大部分时间具有较为一致的走势，且规模相当。这**反映出，上述行业在整体存货投资中居于主导地位**（如图 18 所示）。

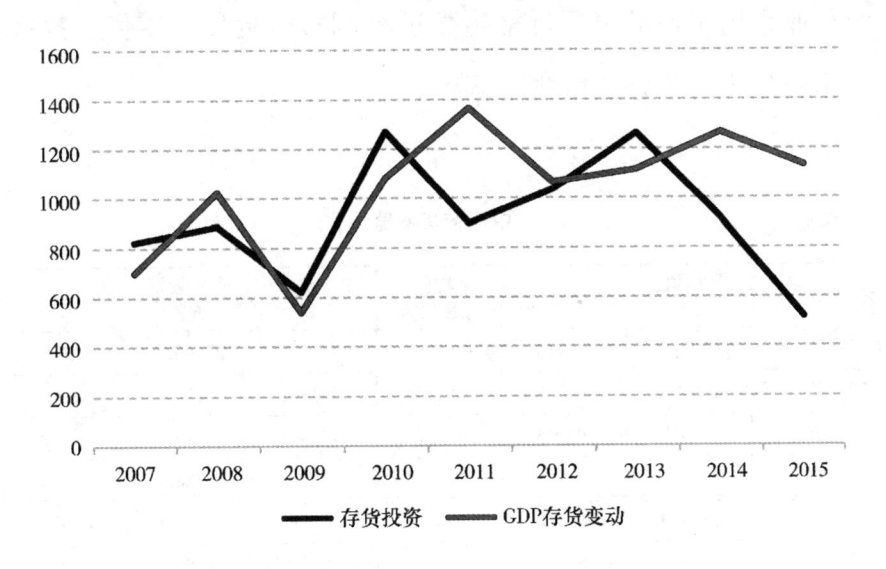

图 18 分行业存货投资加总与 GDP 存货变动（单位：十亿元人民币）

存货在各行业中的分布如表 4 所示。这里的分布采用了两个口径，第一个口径是存量口径，即各行业每年累计持有存货

全球经济和中国经济：穿越无人区

的情况，表里的存货经过价格调整，以2007年作为基期。第二个口径是**流量口径**，即各行业每年新增的存货投资情况，这一口径是和GDP核算中存货增加一致的口径，但这一数据无法直接取得，需要通过利用年末存货减去年初存货（上年末存货）得到。这里，就涉及两次价格调整，第一次是在计算存货投资名义值时，需要利用价格指数对年初存货数值进行调整，保持与年末存货的价格水平不变；第二次是在计算存货投资实际值时，在这里和第一个口径一样，以2007年为基期对存货投资名义值进行调整。不同行业的价格调整指数不尽相同，工业行业采用工业品出厂价格指数进行调整，批发、零售、餐饮采用商品零售价格指数进行调整。

表4　　　　　　　　　　　中国存货概览

	平均值：存货	占比	平均值：存货投资	占比	存货投资方差	占比
工业	7705.2	78.2%	701.9	76.7%	29066.6	45.3%
产成品	2788.8	28.3%	282.0	30.8%	5177.8	8.1%
非产成品	4916.3	49.9%	419.9	45.9%	31017.7	48.4%
协方差项	—	—	—	—	-7128.8	-11.1%
批发	1599.4	16.2%	153.5	16.8%	10025.6	15.6%
零售	535.1	5.4%	59.1	6.5%	1150.5	1.8%
餐饮	15.3	0.2%	1.1	0.1%	2.4	0.0%
协方差项	—	—	—	—	23906.4	37.3%
总存货	9855.0	100.0%	915.6	100.0%	64151.4	100.0%

中国存货的三大典型事实

基于表4，可以看到关于中国存货的一些典型事实。在以往的相关讨论中，这些事实往往被忽略了：

第一，**工业行业持有的存货确实最多，应当予以更多关注**。工业行业存货占比都超过全口径的四分之三，反映出工业行业仍然是我国现阶段持有存货最多的行业，其重要性不言而喻。这一点，和发达国家不太相同，以 Blinder 和 Maccini (1991)[1] 对美国1959—1986年的数据进行的梳理为例，美国生产环节和流通环节的存货投资大约是各占半壁江山，流通环节的存货规模相较而言比我国大得多。对这一差异，可能有以下几个解释：(1) 中国过去的经济增长具有重生产而轻流通的特征，制造业的发展是过去经济发展的一条主线，而在商品流通环节的着力不够；(2) 中国经济对外开放的特征更加明显，因此，工业生产的产品有很大一部分将由外部需求进行消化，而不会体现在国内流通环节，这也造成了国内生产环节存货和流通环节存货的差异；(3) 随着存货管理技术的发展，流通部门因为不涉及复杂的生产，其存货管理技术提升更加容易，因

---

[1] Alan S. Blinder and Louis J. Maccini, "Taking Stock: A Critical Assessment of Recent Research on Inventories", *Journal of Economic Perspectives*, Vol. 5, No. 1, 1991, pp. 73 – 96.

此更有可能体现为存货的趋势性下降。

第二，**工业行业非产成品存货的重要性大于产成品，这在过往的讨论中被忽略了**。无论是存货口径还是存货投资口径，非产成品的重要性始终大于产成品，二者有15—20个百分点的差异，因此，从相对重要性的角度来说，仅仅考虑工业行业产成品存货是不够的。更重要的是，二者在波动意义上存在更大的差异，产成品的存货投资波动幅度远小于非产成品的波动幅度，产成品波动大约贡献了存货投资总体波动的8.1%，甚至低于流通环节的存货投资波动，而非产成品的贡献则接近半数，是所有行业中最高的，波动意义上，二者影响高下立现。此外，从二者的协方差来看，产成品和非产成品的协方差为负值，反映出二者在周期联动性上截然相反，需要一个新的指标综合考虑这种背离，以更好地刻画中国的存货周期。

第三，包括批发和零售在内的流通环节影响力虽然没有工业行业那么大，但也不可忽视。从占比来看，二者合计占总体存货规模的约五分之一，这一占比以新增存货投资来计算还会更高一些，反映出近年来流通环节存货增加的重要性上升。并且，批发行业的波动性贡献仅次于工业行业非产成品的贡献，也成为存货投资波动的一个重要来源。

三类存货行为的不同逻辑

上述典型事实对于经济波动的含义如何？这需要纳入存货周期的相关模型框架中予以解读。按照企业持有存货的动机与策略，主要有三类存货模型可以看出企业持有存货的动机是如何传导至宏观层面的波动的。①

首先，对于最常用的工业产成品存货，可以由"平滑生产"动机进行解释。在一个标准的企业供给模型中，企业生产的边际成本上升，面临的需求随机波动，对于企业来说，进行平滑生产，并用产品存货弥补跨期缺口是成本最小化的选择。因此，在需求不足的时候，企业的存货上升，在需求强劲的时候，企业的存货下降。企业在微观层面平滑生产，在宏观层面则体现为投资的逆周期行为，存货波动的幅度也将小于最终需求的波动幅度。对于工业企业产成品存货形成的这一"平滑生产"动机表明，工业产成品存货波动是逆周期的。

其次，对于最为重要的工业非产成品存货，我们认为采用"避免存货告罄"这一持有存货动机解释较为合适。"避免存货告罄"强调基于预期对存货的最适规模进行预测，并基于此对

---

① 此部分刻画存货周期模型参考了 Blinder 和 Maccini（1991）以及易纲和吴任昊《论存货与经济波动》，《财贸经济》2000 年第 5—6 期。

全球经济和中国经济：穿越无人区

存货进行调整。原材料、在制品等存货的产生主要取决于对未来产品销售（需求）的预期，预期销售越高，则对这类存货的需求就越高，这就使得工业非产成品领域的存货投资具有顺周期的特征。由此可见，工业的产成品存货和非产成品存货在形成动机上具有很大不同，这使得它们的周期性特征也截然相反，这与我们观察到的典型事实是一致的，也需要在存货周期的客户指标中予以体现。

最后，对于重要性上升的流通企业来说，可以采用(S, s)策略加以解读。这一存货策略设立时就不是针对生产企业，而是流通企业。即对于批发零售部门来说，一般不会设定最优存货水平并随时调整，而是设定一个存货水平上限（S）和一个下限（s），平时正常进行销售而不补货，仅在需求高涨导致存货跌到 s 以下后补货至 S。这样，存货波动会呈现锯齿形态，且是顺周期的。因此，在周期波动形态上，流通企业与工业企业非产成品的波动是一致的。

本篇对中国存货的盘点表明，工业产成品存货无法代表全社会存货，工业非产成品和流通行业的存货都不容忽视，更重要的是，不同类型存货周期的逻辑不同，在构建中国存货周期指标时应对上述典型事实加以考虑。

（本文写于 2017 年 6 月）

转型的经济结构，
变形的货币需求？

中国的 M2/GDP 比例在 2015 年首次突破 200%。从 1990 年到 2015 年，中国的名义 GDP 增长了 35 倍，而广义货币 M2 则增长了 90 倍！

每当面对这些谜一样的数据，人们的心中就开始万马奔腾。有的人认为货币超发，有的人认为 GDP 低估，有的人认为这和中国的一些经济、金融体制有关，并引入了一些结构性因素。最后一种回答，不免使得逻辑变得复杂起来，听众需要很有耐心才能理解。这时候我想静静——不妨问一个最基本的问题：

M2/GDP 是什么意思？
为什么 M2 可以除以 GDP？

M2/GDP 指标，最早可能是 Mckinnon 在 1973 年给出的，他认为 M2/GDP 衡量了整体经济交易当中，货币化交易所占的比重。这个比例越大，说明货币化程度就越高。在这里，麦金农将这个指标看作一个金融深化的指标。同时，也有人基于费雪方程式，把 M2/GDP 比例看作研究通货膨胀的一个切入点。

上述两种观点，不管是哪一种，似乎都已经和初衷有所偏离。金融深化当中的"整体经济交易"以及费雪方程式当中的"商品和劳务的交易数量"——这些天生就不是 GDP！

GDP 是增加值的概念，和交易量的口径相去甚远。为了实现 100 个单位的增加值，交易量可能远超 100。尤其在社会分工细化、分工环节增加的情况下，交易量更有可能远远大于 GDP。

而对金融业这样的以货币本身作为产品的特殊行业，在创造价值不变的情况下，融资链条的延长（比如绕开监管的做法或者其他原因导致的金融空转增加），也会导致所需的产品交易量（在这种情况下也就是货币本身的交易）大大超出相应的增加值（GDP）。

就此我们引出三个具有一定想象力的结论

首先，M2/GDP 当中，GDP 只是一个近似值。GDP 唾手可得，交易量数据却未曾有，因此使用 GDP 是一种有益的近似。但是，如果交易量与 GDP 差异太大，那这种近似就不免有些误导。

其次，在不同的行业当中，分工细化程度可能不同，比如第二、第三产业的分工协作程度就可能远远大于第一产业农业。这个假定如果成立，那么在 GDP 总量不变的情况下，三次产业结构当中，第二、第三产业的比例上升，也将导致货币需求的上升。

最后，同样是 1 个单位的 GDP，第三产业可能会比第二产业产生更多的交易量。其一，比如批发、零售业，其交易对象本身就是第二产业的最终产品（当然这么说有些不严谨），在此基础上经过多个环节的流通，交易量有可能更大。其二，或者像前面提到的金融业，钱生钱的游戏链条延伸，导致了更多的产品交易（在这里也是货币交易），那么这时候以货币表示的交易量也会大大高于相应的增加值。

一项有趣的研究

当然，上面三个结论当中，后两者并不完全确定，很大程度上只是一种可能性和猜想。2015 年，陈思翀、徐奇渊、李文学的一篇工作论文，使用中国数据，对这种猜想进行了研究。他们以三次产业的分类为切入点，作出了三次产业的交易密度并不是匀质的假设，并且证明了：在产出总量不变的情况下，产出构成比例变化也会对货币需求产生显著影响。在此基础上，文章使用了分省的面板数据进行研究，得到了有趣的

全球经济和中国经济：穿越无人区

结论：

第一，就单位 GDP 对应的货币需求而言，第二产业大于第一产业，第三产业的这一数值不仅大于第一产业，而且也大于第二产业。

第二，1990—2014 年，中国第一产业占比大幅下降、第二产业占比相对稳定、第三产业占比显著上升——这种产业结构变化对 M2/GDP 比例上升具有部分解释力。根据这篇文章的估计系数，1990 年以来的 M2/GDP 比例上升当中，至少有 28 个百分点来自三次产业结构的变化，如果按照较高的情形，则有 59 个百分点的贡献来自产业结构变化。

第三，如果只看服务业，则细分的子行业也不是均质的。具体而言，批发零售业占 GDP 的比重增加 1%，则名义货币需求增加 1.09%；金融业占 GDP 的比重增加 1%，则货币需求上升 3.37%；其他各类服务业（不含交通运输业）占 GDP 比重增加 1%，则货币需求上升 0.93%。其中金融业表现抢眼，这可能与李斌和伍戈（2014）的研究具有一致性。即，我国金融市场的融资结构，可能导致金融业的这一比例较高；当然，也可能和金融业的交易链条过长导致的交易量膨胀有关。

总之，货币需求不仅会随着经济总量的增长而增长，而且也可能由于经济结构转型、产出构成比例变化而出现增长，所以货币需求的增长率通常会高于总产出的增长率。基于三次产业结构不同的货币需求密度，我们可以在一定程度上解释中国

M2/GDP 持续上升的合理性①，也可以解释为什么 1961—2011 年全球 M2/GDP 数据从 53.5%持续上升至 125.7%，还可以解释为什么高收入组国家这一比例平均意义上大于低收入组国家——但是，面对中国特别高的 M2/GDP 比例，这项研究也难以完全解开谜团。甚至这项研究的分析视角也未必是最重要的，但比较确定的是，在理解 M2/GDP 比例的时候，交易量和 GDP 的区别需要引起关注。

主要参考文献：

1. 陈思翀、徐奇渊、李文学：《总产出结构对货币需求的影响：对 M2/GDP 比率持续上升之谜的一个解释》，CF40 青年论坛工作论文系列，No. C2015WP01。

2. 李若愚：《由国际比较看我国 M2/GDP 水平》，国家信息中心，2014 年 8 月 5 日，http：//www.sic.gov.cn/News/81/3167.htm。

3. 李斌、伍戈：《信用创造、货币供求与经济结构》，中国金融出版社 2014 年版。

（本文写于 2016 年 5 月，作者为徐奇渊、陈思翀）

---

① 当然，我们这里一直是从货币需求角度来进行分析，所以能够解释的也只是 M2/GDP 比例的合理性，至于为什么能够从货币供给当中识别出货币需求，这也是文章使用截面数据进行分析带来的一个亮点，供读者自己再进一步去欣赏。

中国经济改革突入无人区

中国农业出版社出版

中国房地产市场的三种前途

中国房地产市场处于高热阶段，这是各方共识，并已经引发了新一轮的政策调控。但是当下的市场狂热将以何种方式收场，各方则有不同的观点。关于房地产市场的泡沫，我们一般用房价—收入比来描述。不过，根据不同人群的收入来比较，房价—收入比也有不同的结果。但是不管如何，目前的高房价还是引发了各方的关注和担忧。我们似乎可以隐隐地眺望到中国房地产市场的三种前途：良性的泡沫、脆弱的泡沫、坚硬的泡沫。

良性的泡沫

并不是所有的泡沫都会崩盘。幸运的时候，我们也能看到泡沫被良性地化解。1973 年之前的十多年，由于适婚年龄人口持续增长、宽松的货币政策、石油危机的几度冲击，日本房地产泡沫也曾达到了局部高峰。而从事后来看，这场泡沫还是得

全球经济和中国经济：穿越无人区

到了良性的化解。

在1973年高峰期，日本全国的名义房价是1960年的近10倍！1973年的房价—收入比，是1960年的1.5倍。1973年，日本全国的房价—收入比，甚至比日本1990年的峰值还要高出17%！

但是从1974年开始，日本房地产价格的泡沫，就像变魔术一样被化解了。从1973年开始到1978年，日本名义房价仍然上升了23%，但是房价—收入比却下降了33%。或者说，名义房价仍有上升，但是相对于收入而言，房价在这5年当中下跌了33%——房价涨幅相对稳定，同期居民收入则大幅上升，房地产价格泡沫得以成功化解。

日本政府做了什么？首先，为了应对通胀，日本的货币政策开始收紧货币，贴现率从1972年6月的4.25%一路提升至1973年12月的9%，信贷规模相应下降。其次，整顿土地市场乱象，对法人机构短期拥有的土地转让、炒作征收重税。再次，日本的人口结构一直到20世纪80年代后期才进入人口老龄化阶段，而在20世纪70年代，日本仍然处于人口红利时期。最后，通过改善机会公平、完善税收体系、建立和完善社会保障体系，从而调节贫富差距，这也在相当大程度上改进了一般居民的收入境况，使房价—收入比趋向于改善。

以20世纪70年代的日本为基准，中国的房价泡沫要得到良性的化解，难度更甚。其一，当前中国货币政策面临的主要问题不是高通胀，而是实体经济的疲弱，甚至还有债务—通缩的风险。因此，货币政策在稳定经济周期和治理资产价格泡沫方面面临冲突。其二，日本政府治理私人土地市场交易乱象的难度相对较低，而中国的土地政策则和地方政府的杠杆率、央地财政体系等问题纠结在一起，调控难度更大。其三，目前中国已然进入人口老龄化阶段，经济增长中枢显著下移。其四，减少贫富差距，促进房地产市场的需求与供给匹配，这一点中国尚有较大政策空间。四点当中，前面三点对中国政策而言都是难度更大的。

脆弱的泡沫

房地产泡沫无力维持，出现崩盘。这是最为悲观（但未必就是最坏）的情况，也是目前各方最为担心的前景。房地产泡沫崩溃，不但将引发实体经济的增长失速，还可能进一步引发资产价格的下跌、银行不良贷款率进一步上升，甚至加剧资本外逃和汇率贬值压力。20世纪80年代末90年代初的日本房地产泡沫崩溃，正是一例。

相信市场力量的人，往往更希望脆弱泡沫早日崩溃，因为他们对市场的力量寄予厚望。一方面是各种价格重归合理，另一方面，市场将对资源重新配置，将资源从低效的企业向高效的企业转移。如此这般，经济将重回增长的正轨。

全球经济和中国经济：穿越无人区

  但是，在目前政企关系未明、国有企业改革滞后、缺乏应对系统性风险准备的条件下，如果发生脆弱泡沫的情形，则首当其冲受到负面冲击的，很可能不是僵尸企业，也不是其他大型企业、国有企业，而将是广大最有活力的民营企业，尤其是中小企业。

  因此，如果要迎接脆弱的泡沫，我们一定要先梳理好市场竞争机制，让各个竞争主体在市场的残酷筛选中有一个平等的、正向的淘汰机制，而不是相反。日本20世纪80年代末的泡沫经济破灭，之后经济陷入长期低迷，其中的重要原因之一，就是救援机制陷入了一种逆淘汰机制。最具活力的中小企业都被淘汰了，而在政府和各大财团的保护下，一些僵而不死的大企业都还健在。

坚硬的泡沫

  影响房价的各种因素，短期是货币，长期是人口，中期则是政策干预。如果一定要说中国房地产市场有什么不同，那正是中期的政策干预。例如，地方政府对土地供应的调控能力、强力的资本管制、房地产税的缓征和灵活制定空间。

  在地方政府对土地供给的调控能力方面，香港特区是一个参照。至今，香港实际开发用地占到全部土地面积的不到三分之一。这种土地供应的限制，使得香港房价—收入比一直维持在高位，但是却导致了产业空心化、阶层固化、社会分化等长期的社会经济问题。

大陆的地方政府，不但能够直接调控土地供应，而且还有资本管制、缓征房地产税等政策工具。资本管制条件下，大陆居民的投资范围将主要局限于境内，在存款利率较低、股票市场动荡的情况下，必然有大量流动性涌向房地产市场。在缓征房地产税、遗产税缺位的情况下，房产不但具有稀缺性，而且也具有更为突出的保值和收益功能。

因此，内地的政策工具箱，比地球上其他任何一个经济体都要来得有效、多样，也比其他任何一个经济体都有能力在较长的时间内成功维持这个"坚硬的泡沫"。

"坚硬的泡沫"有可能得以维系，这并不意味着没有成本。资本项目管制、房地产税的缓征等因素，会强化地方政府对土地供应的调控效果，而长期高企的房价，将把人才和企业投资拒之门外，削弱城市和国家的竞争力。调控效果的强化，将使得产业空心化、阶层固化、社会分化这种"香港化"的特点更为显著。

艰难的选择

前面已经提到，良性的泡沫实现难度最大。更多的可能，我们是要在脆弱的泡沫、坚硬的泡沫之间作出选择。

全球经济和中国经济：穿越无人区

脆弱的泡沫，可能带来短期的不稳定和动荡，但将使得各方面价格重估、回归新的合理均衡水平，重塑整个经济的长期竞争力。但是在迎来脆弱泡沫之前，我们一定要梳理好市场的竞争机制，让各个竞争主体在市场的残酷筛选中有一个平等的、正向的淘汰机制，尤其要避免危机下的逆淘汰机制。而坚硬的泡沫，可能在短、中期维系社会和经济的稳定，但是在中长期，将使城市和经济体进一步丧失竞争力。

我们的政策，将在上述两个方面进行艰难抉择。但是我们都知道，即使是最坚硬的泡沫，也终归还是个泡沫。

（本文写于2017年1月）

去谁的杠杆？

中国经济的杠杆率持续升高，已经成为一个棘手的问题。其中，企业部门的债务率更是严峻。根据国家金融与发展实验室的报告：2015年年末，中国非金融企业部门的债务余额为105.6万亿元人民币，约为GDP的156.1%。

为了解决这个问题，中央提出了包括"三去一降一补"等举措的供给侧改革。2016年10月，国务院正式出台的《关于市场化银行债权转股权的指导意见》，更是为去杠杆开出了明确的药方。

谁在过度负债？

关于我国企业的负债问题，最近一项非常有意义的研究，是由钟宁桦等人（2016）完成的。这项研究发现，1998—2013年，我国规模以上工业企业，在总体上呈现出了显著的、整体性的去杠杆趋势，平均负债率从 1998 年的 65% 持续下降到 2013 年的 51%。

既然如此，为何"去杠杆"成为中国经济的一大挑战？该研究进一步揭示：在同一时期，有一批企业却在显著加杠杆，这些企业正是数千家大型、国有、上市企业。在 2013 年的 35 万家企业中，负债最多的前 500 家企业就超过了债务总量的 1/4。在 2015 年上市公司中负债最多的 50 家企业竟累计了 11 万亿负债，其中某一家大型国有企业，其负债就达到上万亿的量级。

如果镜头从上面火热的场景离开，那我们也会观察到冰冷的一面。同一时期，大量的中小企业、民营企业一直面临"融资难""融资贵"的问题——尽管在诸多讨论中，这个命题本身就面临争议，但是，这些企业面临更紧的信贷约束却是不争的事实。在此条件下，相对于大型、国有、上市企业而言，中小企业、民营企业就难以过度负债。事实结果正如开头所提到的，我国企业的总体负债率甚至在长期表现为持续下降！

债转股成功靠什么？

2016 年 10 月 10 日，国务院出台《关于积极稳妥降低企业杠杆率的意见》（以下简称《意见》），相关负责人明确指出：拒绝"僵尸企业"，避免成为"免费午餐"。但是我们知道，即使债转股在短期获得效果，对于过度负债的企业而言，债转股只有一次性的去杠杆效果。如果不能从体制上消除特定企业的软约束，不能从机制上打破银行系统对特定企业的信贷偏向，则债转股的最好效果就是多买了一段太平时光。

这里需要再次提及钟宁桦团队（2016）的研究。他们发现，2009年之后，仅仅因为一个企业是国有的，它的负债率就要比私营企业平均高6%。到2013年，这个偏向性更是达到了8%附近。这一结果说明，我国银行体系的信贷越来越偏向于国有企业。该项研究还有另一个发现：负利润的"僵尸"企业更容易得到贷款的现象在2008年之前可能就存在了，而2008年之后则更加显著。

回到现实中，现在的国有企业，还是那些国有企业，现在的民营企业，也依然还是那些民营企业，现在的银行也还是那些银行。在增量信贷中，如果这些银行仍然偏向于国有企业，如果负利润的"僵尸"企业仍旧更容易得到贷款，那债转股的效果就只能是一日之功。

《意见》出台后，相关负责人也表示：和20世纪90年代的债转股不同，本轮债转股的主要特点是市场化、法治化，而不是政府的直接干预。这个思路有必要进一步延伸到增量信贷当中。这种思路延伸到一个终极，就是国有企业改革。缺少国

全球经济和中国经济：穿越无人区

有企业改革，不打破政府的隐性担保和国有企业的预算软约束，不梳理清楚政府和国有企业的关系，则债转股的故事终将陷入纠结。

主要参考文献：

1. 钟宁桦、刘志阔、何嘉鑫、苏楚林：《我国企业债务的结构性问题》，《经济研究》2016 年第 7 期。

（本文写于 2016 年 10 月）

去产能政策的冲击和供给侧改革的进一步推进

正如本书第三章"中国经济迈入无人区"的前半部分所述：2016年以来的供给侧结构性改革，尤其是去产能政策的落实贯彻，已经取得了积极成效，其成绩值得充分肯定。尤其是在全球经济回暖、外需复苏的大背景下，本轮供给侧改革的时机选择恰到好处，这使得以减法为主要内容的"三去一降一补"供给侧改革获得了较为宽松的总需求环境。而且，全球经济有望在中期继续处于回暖状态，因此在接下来近中期时间窗口期当中，供给侧改革仍将面临一个总体上较为有利的总需求环境，包括去产能等措施在内的供给侧改革，也将可望进一步取得更大成效。

作为供给侧结构性改革的重中之重，去产能政策取得的成效，进一步体现为企业部门杠杆率的下降、银行贷款不良率的下降、金融体系稳健性的上升。具体而言，去产能政策

全球经济和中国经济：穿越无人区

（1）不但改善了产能过剩行业企业的经营状况、大幅提升了原有产能过剩企业的利润水平，（2）而且有利于上述产能过剩企业偿还债务、减少债务负担，优化资产负债表结构，从而实现去杠杆，（3）同时，也有利于商业银行的不良贷款率下降、资产质量提升，金融体系的安全性也有所增强。

从数据上来看，2015 年，规模以上工业企业的资产负债率为 56.2%，2016 年、2017 年分别较上年下降了 0.4 个百分点和 0.3 个百分点。与此同时，非金融企业部门的整体杠杆率（即负债占 GDP 比例），其多年来的上升势头得到初步遏制，并在 2016 年以来实现趋稳，甚至在 2017 年还出现了一定的下降（张晓晶等，2017）。同时，商业银行体系的不良贷款比率，也在 2016 年终结了此前的升势并趋于稳定。2017 年该比例已降至 1.74%，较 2016 年的高点下降了 0.02 个百分点。同时，关注类贷款的比例，也从 2016 年 9 月的高点 4.1% 降至 2017 年年末的 3.5%，下降了 0.6 个百分点。

由此可见，去产能政策确实取得了阶段性成果，但这仍然无法取代进一步根本性的改革，供给侧改革需要进一步向纵深推进。**其一，推动去产能的具体方式，有必要从行政去产能，更多地向市场化、法制化转变，探索寻找化解过剩产能的长效机制**。去产能在短短两年时间内大见成效，行政部门的执行力起到了重要作用，去产能过程中政府的作用不可或缺（牛犁、陈彬，2017）。而且，在去产能任务艰巨、时间有限的特定情况下，政府部门较多地使用了行政命令的做法是必要和有效的，然而从长远来看，市场化、法制化才是推进去产能等工作的根本途径和长效机制（周伏秋、王娟，2017），市场化方式去产能是经济转型和产业升级的必由之路（徐忠，2017）。如何在行政去产能的基础上，以市场化、法制化建立起去产能的长效机制？在这方面，日本的历史经验具有一定的借鉴意义。20世纪70年代末，日本通过行政力量进行去产能，也取得了显著成效，但是也产生了一些问题。随后在1981—1982年，当时的日本通产省出台了一系列法律、政策，以市场化、法制化的方式建立起长效机制以应对产能过剩问题，并为此后一段时间日本经济的稳定增长提供了动力（渡边纯子，2016）。

其二，去产能的政策，不能取代国有企业改革、财政体制改革，以及金融体系的改革。整体上看，原有产能过剩行业的经营状况改善、利润大幅上升，有外需扩张、总需求改善的原因，但是在很大程度上，更是行业之间利益再分配的结果，这种利益再分配与去产能政策直接相关。从本文的分析可以看到，去产能行业的利润大幅改善，在相当程度上以抬高其他行业成本为代价，并由此挤占了其他行业的利润空间。而且在这个对应关系中，去产能行业更多地集中在上游行业、重工业、国有企业，而其他行业更多集中在下游行业、轻工业、非国有企业。

从中长期角度来看，利益在上述两大类企业之间的再分

全球经济和中国经济：穿越无人区

配，不但削弱了整体工业企业的投资增速，也可能不利于提高经济的潜在产出增速，甚至可能产生了一定的负面冲击。而且，在此背景下，一旦外需的扩张不可持续或者出现逆转，则去产能的政策可持续性或将面临问题。因此，去产能的改革，不能取代国有企业改革、财政体制改革以及金融市场等根本性的改革。尤其是，供给侧结构性改革需要"实质推进国有企业改革，在产能过剩行业和自然垄断性行业的改革有突破性进展，建立有利于各类企业创新发展、公平竞争发展的体制机制"（黄群慧，2016）。

党的十九大报告指出，要"深化供给侧改革"，同时，"加快完善社会主义市场经济体制"，"经济体制改革必须以完善产权制度和要素市场化配置为重点，实现产权有效激励、要素自由流动、价格反应灵活、竞争公平有序、企业优胜劣汰"。而在经济体制改革当中，要实现要素市场化配置、要素自由流动、价格反应灵活，其前提条件之一就是要"构建市场机制有效、微观主体有活力、宏观调控有度的经济体制"。反之，如果市场主体并不是真正的市场行为者，则即使放开要素价格、放开要素自由流动，其背后的供求关系也存在着根本性的扭曲，在此基础上的资源配置也将面临进一步的扭曲。因此，为了实现这一前提条件，国有企业改革、财政体制改革、金融市场的改革仍然是需要着力推进，甚至应成为供给侧改革向纵深推进的方向。

主要参考文献：

1. ［日］渡边纯子：《通産省（経産省）の産業調整政策》（日语），RIETI Discussion Paper Series 16－J－033，2016 年 3 月。

2. 黄群慧：《论中国工业的供给侧结构性改革》，《中国工业经济》2016 年第 9 期。

3. 徐忠：《有效去产能的关键》，《中国金融》2017 年第 12 期。

4. 张晓晶、常欣、刘磊等：《中国去杠杆进程报告（2017 年第二季度）》，中国社会科学院国家金融与发展实验室，2017 年 9 月。

5. 周伏秋、王娟：《煤炭行业进一步去产能的思考与建议》，《宏观经济管理》2017 年第 11 期。

（本文写于 2018 年 3 月）

扩大内需：靠财政还是货币？

2016年1月26日的中央财经领导小组会议上，习近平总书记强调，"供给侧结构性改革……要在适度扩大总需求的同时，去产能、去库存、去杠杆、降成本、补短板，从生产领域加强优质供给，减少无效供给"[①]。可见，供给侧改革并不是要抛弃需求侧管理。而且，"适度扩大总需求"，也是推进供给侧改革的配套措施。

但是如何适度扩大总需求？在这方面并没有共识，相关经济部门的决策者甚至有完全不同的观点：有人认为货币政策应该在扩大总需求当中发挥更多作用，也有人认为应该提高财政的赤字率。

---

① 《习近平主持召开中央财经领导小组第十二次会议》，2016年1月26日，新华网，www.xinhuanet.com/politics/2016-1/26/c_1117903894.htm。

看不清当下，不妨来看看历史

1985年9月22日，美、英、法、德、日财长齐聚纽约，会后签署的"广场协议"决定：日元与马克应大幅对美元升值。事实上，从1985年9月到1990年12月，两者分别对美元升值了43.5%和47.5%。同样经历了大幅升值（马克升值幅度更大），日本和德国经济的表现却截然不同，这主要是由于日本央行采取了过度宽松的货币政策。与之形成鲜明的对比，同期德国的货币政策却相当稳健，主要在财政政策、结构调整方面采取了应对升值的措施。日本过度宽松的货币政策，在短期吹大了金融泡沫，但是在泡沫经济破灭之后，日本经济陷入了长期的停滞。

那么，日本央行为什么会采取过度宽松的货币政策？

第一，当时日本确实需要刺激内需，这一点在当时的日本国内各方都有共识。因为汇率大幅升值，日本的出口减少在所难免——事实也是这样，1986年以日元计价的出口贸易金额出现了两位数的降幅。因此，当时刺激内需基本成为共识。

第二，日本央行认为刺激内需不能主要依靠货币政策。1985年10月，日本央行的前川行长召集成立了一个委员会，后来被称为"前川委员会"，他们在随后的1986年4月发布了《前川报告》。这份报告也完全认同扩大内需的政策，但是，报告认为过度依赖货币政策来扩大内需的做法是欠妥的。

第三，日本的财政部门则持有相反的看法，认为扩大内需应该依靠货币政策。日本的大藏省（相当于财政部）官员认为，当时的政府债务占GDP比例在50%—60%，因此财政政策空间已经不大了（实际上从今天的标准来看还有很大空间，因为现在日本的这个指标已经达到了250%左右）。总之，当时的日本大藏省对于使用财政政策来扩大内需持否定意见。

第四，两勇相遇强者胜——作为实权部门，日本大藏省一直处于强势地位，而日本央行则缺乏独立性。在1997年日本央行法得到修正之前，这一点一直很明显。甚至历任的日本央行行长当中，就有三分之一之前都在大藏省工作过。所以，尽管日本央行认为货币政策主要应该负责稳定物价水平，并明确提出反对主要依靠货币政策来刺激内需的做法。但是，由于大藏省的强势地位，这些想法并未落实。实际上，日本央行的货币政策最终成了扩大内需的首选政策。或者说，后来刺激内需的重任主要就压在了日本央行的肩上。日本央行只能通过不断增加货币供应量来刺激内需，并直接催生出了不可持续的经济泡沫。

看看在德国的不同风景

广场协议之后的同一时期，马克大幅升值，德国经济同样受到了冲击：1986年德国的出口受到明显冲击，1987年，德国经济增长率更是降至1.40%，与升值前1984年的增长率3.12%形成了鲜明对比。但是随后德国经济强劲反弹，1988年经济增长率已经攀升至3.71%，1990年更是超过了5%。与日本不同，德国政府实际上采取了完全不同思路的经济政策。

在货币政策方面，由于马克大幅升值，德国经济增长率连续两年出现下滑，但是在德国央行的坚守下，德国仍然维持了3%以上的存款利率，这几乎是日本同期利率水平的两倍。在财政政策方面，时任德国总理科尔在财政政策方面采取了许多措施：一方面对企业和个人大幅减税，另一方面也通过减少补贴等手段削减财政开支。通过这些方式，科尔政府减少了对经济不必要的干预。与此同时，科尔政府却更加注重对经济结构调整进行干预，例如：用财政补贴、直接或间接投资来资助一些利润率低、投资周期长、风险大的生产行业；同时，也积极支持企业的研发预算，并向劳动者提供各种职业培训及其他形式的帮助，从而提高劳动者素质。

同样是广场协议，德国经历了阵痛后走上了繁荣，日本则在泡沫盛宴落幕后进入了"失去的时代"。以前，在历任日本央行行长卸任之时，都会有顶级画家为其作肖像画，并悬挂于央行主楼的大厅作为纪念。不过现在的26幅肖像，全部都作于20世纪90年代之前，据说每幅肖像画都值1000万日元。但是，从1998年松下行长卸任开始，行长不再享受这一待遇。

全球经济和中国经济：穿越无人区

这固然和松下行长在任期间的吏治事件有关，但是也反映出了舆论界对于货币政策当局的失望。实际上日本央行可能承担了过多的指责。当时日本央行的货币政策，受到来自国内、外政治、经济等多方面力量的影响，非日本央行一己所能为之。

马克和日元大幅升值之后的同途殊归，从一正一反的两面揭示了：在金融开放、面临汇率大幅波动的过程中，财政政策和货币政策的分工应当明确，前者主要负责调节需求和经济结构，后者则以物价稳定、金融市场稳定为首要目标。在扩大内需的过程中，我们不能过度依赖于货币政策；如果财政政策空间尚存，就要使用积极的财政政策。

主要参考文献：

1. ［日］宫崎勇：《日本经济政策亲历者实录》，孙晓燕译，中信出版社2009年版。

2. 徐奇渊：《广场协议之后日本经济泡沫化原因再探：基于泰勒规则的分析》，《日本学刊》2015年第1期。

说明：除了主要参考文献之外，本文内容也得益于与以下人士的交流：日本银行岗崎秋实子女士、原日本国际通货研究所西村阳造先生。当然，文责自负。

（本文写于2016年2月）

普惠金融观察：来自扶贫贷款变形的反思

2017年7月的全国金融工作会议上，习近平总书记在讲话中强调，"党的十八大以来，我国金融改革发展取得新的重大成就。金融业保持快速发展，金融产品日益丰富，金融服务普惠性增强，金融改革有序推进，金融体系不断完善"。① 会议同时也指出："要建设普惠金融体系，加强对小微企业、'三农'和偏远地区的金融服务，推进金融精准扶贫。"要进一步建设好普惠金融体系，还需要认识到，普惠金融体系目前仍然面临着一些问题。针对扶贫贷款变形为农信社对地方政府融资平台提供的融资，本文分析了当前普惠金融发展面临的一些障碍和扭曲，并给出了政策建议。

---

① 《服务实体经济防控金融风险深化金融改革　促进经济和金融良性循环健康发展》，《人民日报》2017年7月16日第1版。

全球经济和中国经济：穿越无人区

普惠金融之变形

　　扶贫贷款是一项政策性贷款业务，由政府依托相关金融机构进行操作，是我国扶贫开发的重要政策工具，属于普惠金融范畴。其中，发放到户的小额扶贫贷款，是扶贫贷款的重要形式之一。但是实际上，在扶贫贷款政策的落实过程中，在某些场景中，普惠金融的本质出现了变形和扭曲。

　　2016年笔者在某县调研，该地得到一笔国家扶贫贷款额度（比如1亿元）。扶贫贷款政策的初衷，是想将这笔贷款提供给低收入农户。在实际落实过程中，由于农户并没有好的经营项目，如果勉强放款，农户也未必具有偿还的能力，甚至反而导致低收入者的债务负担加重。基层官员颇具金融意识，他们观察到，一方面，低收入农户缺乏有效的融资需求；另一方面，地方政府融资平台又极度缺乏资金、融资成本高企。

　　在此背景下，当地政府"因地制宜"，创造了以下通道机制：首先，按国家扶贫贷款利率（比如3%），给每户农民提供5万元的扶贫贷款。然后，农户再将这些资金提供给当地农信社，用于购买理财产品并获得较高收益率（比如6%）。最后，农信社使用这笔资金为地方政府融资平台提供融资，从而获取更高的收益率（比如9%）。

　　如此，相关各方均获得了收益，形成了"多赢"局面。低收入农户获得了额外的、稳定的收入来源，在上面的例子中是每年1500元的净收入。农信社也获得了额外的利润，在上述例子中是每年300万元。地方政府融资平台则获得了额外的资金，缓解了紧绷的偿债压力。这种局面似乎皆大欢喜，但是其背后却隐含了不少问题。甚至其中一些矛盾，相当具有代表性，值得反思。

变形之后，还是普惠金融吗？

普惠金融之变"形"，是否导致了变"性"？

扶贫贷款本身确实属于普惠金融的典型形式，甚至是传统形式。早在20世纪50年代，一些发展中国家就开始为低收入群体提供补贴性的小额贷款。到20世纪60年代，一些国际组织也在全球范围推广微型贷款。20世纪70年代，孟加拉的银行家穆罕默德·尤努斯，通过其格莱珉银行成功地向当地农村贫困妇女提供了小额、较低利率的贷款。而前述的扶贫贷款，显然也具有小额、低利率、向低收入群体提供等特点，这完全符合普惠金融的包容性特征。从这个角度来看，扶贫贷款就是普惠金融，似乎毋庸置疑。

但是在前述事例中，扶贫贷款还是普惠金融吗？我们观察普惠金融，不仅要看其形式，还要从其本质来观察。普惠金融的目的是消除贫困，而且是以可持续的方式来消除贫困，以这样的目标来配置金融资源,这才是普惠金融。而在前述事例中,扶贫贷款变形之后的实质,对中央政府而言,其效果相当于:(1)直接给予低收入农户每年每户1500元的财政转移支付;(2)直接给予当地农信社每年300万的转移支付;(3)间接向地方政府融资平台提供了1亿元的融资。

上述变形导致扶贫贷款的普惠金融本质发生了变异:一方面,财政转移支付的变异形式,与扶贫贷款旨在形成造血功能的初衷相去甚远;另一方面,上述套利游戏是否具有可持续性,也取决于地方政府融资平台本身是否具有可持续性。因此,上述变形的事例,并不符合可持续、消除贫困的初衷,甚至演变成了制度套利,导致扶贫政策落实过程中出现扭曲。如果地方政府融资平台出现违约,则低收入农户不仅收入无法保障,而且债务负担还将加重。所以在此情形中,扶贫贷款在形式上仍然满足普惠金融的特点,但实际上这种变形已经导致变性。

普惠金融变形的反思

国家向低收入农户提供的扶贫贷款,为什么会转化成农信社向地方政府平台提供的融资?从上述事例来看:第一,对低收入农户而言,其缺乏劳动技能、缺少好的经营项目,拿到钱了只能消费、不知道能干什么。这也是普惠金融所面临的典型问题，需要扶持的低收入群体，通常缺乏好的经营项目；需要帮助的实体经济，也往往因为缺少投资项目而缺乏融资需求。

第二，地方政府融资平台债务高企，需要通过融资来借新还旧，因此旺盛的资金需求抬高了利率，吸引社会资金流入的同时，抬高了市场收益率，挤出、排斥了其他项目。在上述例子中，即使农户使用扶贫贷款投入一些经营项目，比如养猪，也未必能够获得6%的年收益。在这个例子中，农户使用扶贫贷款的财务成本是3%，但是机会成本却是6%。而机会成本之高，恰恰是由于地方政府融资平台的需求高企所致。

因此，普惠金融变形的例子，至少揭示了两方面的问题。一头是欠发达地区、低收入群体缺乏好的经营项目，进而缺乏有效的融资需求。另一头是亢奋依旧的地方政府融资需求，带来了金融市场收益率的扭曲。扶贫贷款的低利率和地方政府融资平台的高利率，两者之间的落差形成了一个诱人的套利空间。而这种套利的可持续性，以中央财政的输血为前提。

上述事例中，金融机构的通道业务创新，并不是道德败坏。从微观的角度来看，由于低收入农户缺乏有效的融资需求，地方政府融资平台存在旺盛的融资需求，同时两端的收益率存在显著利差。因此，从微观角度来看，这种通道业务创新，不仅是多赢的，而且在地方政府债务获得隐性担保的背景下，还不失为一种谨慎和理性的选择。因此，我们要进行反思，并不是从微观主体的道德层面、落实政策的思路来反思，而是要从市场上一些约束条件的扭曲、一些传导机制的阻滞来进行反思。

如何让普惠金融真正服务于实体经济？

普惠金融领域所面临的问题，也反映了2017年7月全国金融工作会议上提出的三方面结构失衡问题：其一，需要扶持的融资对象没有投资项目，或者项目收益率较低，因而没有融资需求。这反映了实体经济结构的失衡。其二，金融市场上地方政府平台融资需求旺盛，隐藏的道德风险、隐性担保，扭曲了金融市场的收益率和资金配置。这反映了金融市场上的结构失衡。其三，扶贫贷款变形远离政策初衷，地方政府融资平台利率高企，挤出了收益率为6%的项目。这反映了实体经济和金融市场互动、循环中也存在问题。

如何让金融更好地服务于实体经济？对于普惠金融而言，不是它是否具有普惠金融的外在形式，而是如何让普惠金融不忘初衷，真正服务于可持续的消除贫困。具体而言，笔者从以下三方面给出建议：

第一，扶贫贷款要和扶贫项目结合，台湾地区的工研院模式具有借鉴意义。

一般而言，需要扶持的贫困地区、贫困人群，普遍缺乏技术、创业项目和市场理念。在这样的情况下，扶贫贷款对象如果获得贷款，也只能用于一次性消费，这甚至可能恶化贷款者未来的财务状况。因此，作为普惠金融的扶贫贷款，并不是简单地提供小额、低利率的贷款，而应该与可持续的、包容性的项目进行结合。

在这方面，中国台湾地区的工研院模式，具有一定借鉴意义。在这种模式下，除了作为贷款方的金融机构、接受贷款的贫困地区和低收入群体之外，台湾工业技术研究院也是极为重要的第三方。台湾工业技术研究院是台湾半导体产业发展的先驱，也是台湾最大的产业技术研发机构。该机构不仅从事高端技术的研发，而且还为台湾少数民族地区、经济欠发达地区的很多项目提供了技术支持，因地制宜地设计出了很多特色项目。

例如，在花莲地区，台湾工研院为当地的深层海水开发提供了技术支持，开发的深层海水用于生产食品、饮料、保健品、化妆品等产品。同时，台湾工研院还在台东市开发了果子狸咖啡的项目，利用果子狸身上提取的胃液对咖啡豆进行发酵，其原理类似于猫屎咖啡。工研院的研发团队，还将深层海水的矿泉水与果子狸咖啡技术相结合，进一步开发出了深层海水果子狸咖啡及其便携的粉末包。像这样的项目还有很多，包括利用当地一些资源，比如竹林，开发出碳包、精油、工艺品等周边产品。这些例子，如果没有工研院的参与、没有技术项目的支持，资金的供给和需求将无从对接。同时，开发的技术

全球经济和中国经济：穿越无人区

完全基于当地的优势资源，避免了各地重复建设、恶性竞争和产能过剩，形成了各地比较均衡发展的良性局面。

第二，金融创新要切合经济发展的阶段性特征、解决实体经济发展面临的痛点。

从理论上来看，金融服务于实体经济是一个动态的过程。伴随着经济发展在不同阶段的演进，金融创新、金融市场结构也需要进行相应调整，以适应实体经济在不同发展阶段的特点。这也是普惠金融要遵循的规律。

例如，在经济处于赶超阶段，生产技术处于学习、模仿阶段，这时候的融资需求至少具有两种特点，一是技术和市场较为成熟，研发风险较低，项目预期收益率的不确定性相对较小；二是该阶段的经济发展主要体现为工业化进程，生产者的融资需求具有足额的资本品作为抵押。在此背景下，以银行贷款为主的融资来源比较适合支持实体经济的发展。

随着经济不断发展，一个国家生产技术逐渐接近全球前沿水平。这时，一方面，该国生产技术的创新、研发具有越来越多的技术不确定性、市场需求不确定性。同时，另一方面，新技术、新产品的研发，需要大量资金投入，但是在研发成功之前却往往缺乏抵押品；伴随工业化发展起来的现代服务业，通常不是资本密集型产业，因此也同样面临抵押品匮乏的问题。在此阶段，股权融资将比银行贷款更适合支持实体经济的发展。与之相适应，金融衍生品工具也需要获得适当的发展。

2014年中央经济工作会议，习近平总书记关于"新常态"九大特征的论述当中就提到：模仿型排浪式消费阶段基本结束，个性化、多样化消费渐成主流；基础设施互联互通和一些新技术、新产品、新业态、新商业模式的投资机会大量涌现；环境承载能力已达到或接近上限，必须加快形成绿色低碳循环发展新方式；新兴产业、服务业、小微企业作用更加凸显，生产智能化、专业化、小型化将成为产业组织新特征。上述判断，对于金融市场改革、普惠金融的发展创新，都具有重要启示。2017年7月全国金融工作会议也指出，要优化金融市场结构，完善金融市场、金融机构、金融产品体系。要坚持质量优先，引导金融业发展同经济社会发展相协调，促进融资便利化、降低实体经济成本、提高资源配置效率、保障风险可控。"新常态"关于经济结构变化的论述，就为金融市场结构的优化，以及普惠金融的发展创新提供了思考的起点。

第三，要对金融市场的一些根本性扭曲进行梳理。

邓小平同志指出："金融很重要，金融是现代经济的核心。金融搞好了，一招棋活，全盘皆活。"现代市场经济的最重要作用，就是要与政府的宏观调控相结合，提高资源配置的效率。具体而言，现代经济要通过供求关系、价格机制发挥资源配置作用。而金融在现代经济中的核心角色，就是通过资金的融通，将资金在各部门进行配置，从而将资金对应的经济资源在横向各部门进行配置。不仅如此，金融部门决定的市场收益

全球经济和中国经济：穿越无人区

率还将决定资金的时间价值，从而决定经济资源在纵向的跨期配置。

但是，当前中国经济也存在一些根本性的扭曲。这些问题导致我们的金融资源配置功能出现了问题，并且导致普惠金融的可持续消除贫困功能也出现了问题。例如，扶贫贷款变形的事例当中，由于道德风险和隐性担保，亢奋的地方政府融资平台挤出了一部分实体经济的融资需求，包括普惠金融的贷款需求。此外，部分国有企业的过度负债、僵尸企业的大而不倒，这些扭曲环节也对金融体系产生了诸多消极影响。这些问题的存在，导致金融市场的正常资金流向被打乱，结果资金配置不但无法顾及效率，甚至也无法顾及机会的公平。而后者则正是普惠金融所强调的目标。因此，我们要下决心对金融市场的一些根本性扭曲进行梳理。

（本文写于 2017 年 9 月）

德日同途殊归的启示：
如何应对汇率升值

人民币汇率问题，以及由此引发的中美贸易争端，近来成为各界热议的焦点；相关的报道和争论亦是甚嚣尘上。这不禁让人联想起历史上相似的一幕，这种相似不算惊人，但却可能对我们有所启发：

在1969年到1978年，以及1985年至1987年，日元和德国马克同时经历了两轮堪称比翼双飞的大幅升值。两种货币的两轮升值之幅度，均超过了40%。其中，1984年"广场协议"以及随后日本经济的覆辙，至今令人谈虎色变，并引之为升值恐惧论之经典依据。然而，历史想告诉我们的远不止这些。也许我们还应该记得，广场协议升值的黑名单上，除了日元，德国马克也是赫然在列；然而，两国经济随后的境遇却有着天壤之别。

在21世纪国际经济形势风起云涌之际，中国举步踏至历史性的关键节点。在这样的时刻,以审视的眼光回望数十年前德日两国的成败得失,在让人感慨唏嘘之余,也会对我们有些许启示。

工资富有弹性的劳动力市场,有助于减少失业压力

20世纪60年代,日本和德国都经历了持续的贸易顺差,尤其是对美国出口急剧上升。在布雷顿森林体系风雨飘摇的时代背景下,1971年美国尼克松政府的"新经济政策",以及同年西方十国达成的《史密森协定》,对日元和德国马克的汇率升值均产生了推动作用(不过马克的汇率调整更为主动,早在60年代就有小幅调整)。1969—1978年,德国马克和日元对美元升值的幅度,累计分别达到了49%和42%。在大幅升值的冲击下,德国和日本经济不可避免地受到了冲击。就我们今天非常关心的经济问题——就业和经济结构调整——而言,当时两个国家的表现存在一定反差。

其中,日本的就业市场状况较为稳定,而德国出现了严重的失业。后者的失业率从1970年的略高于0.5%,跃至1975年的4%;而身处相同背景的日本,其失业率一直控制在2%左右,与升值前1.2%的失业率相比,变化较为温和。这是由两国劳动力市场的工资弹性差异造成的。日本在终身雇佣制的

背景下，企业很少采用裁员来应对经济不景气，而员工也易于接受减薪与企业分担困难。而在当时的联邦德国，工会势力强大，德国工会联合会在整个议会中的席位占到了44%，大部分联邦部长也是工会会员。工会在1974年为实现工资两位数增长而进行了罢工行动，甚至加速了当时勃兰特政府的下台。因此，得益于一个富有弹性的劳动力市场，日本经济在外部冲击下保持了较低的失业率。

完善的适应市场需求的职业教育体系，有助于加速产业结构调整

而德国在经济结构的转型方面反应更为迅速。在20世纪70年代，德国已形成了以"二元制"为主导的职业教育体系。所谓二元制教育，是把传统的学徒培训方式与现代职业教育相结合，其"二元"分别是企业和学校。而且，在职业培训内容中，不仅包括电气、机械等制造行业，还包括了诸如经济与管理、护理与健康、家政与营养等服务领域的专业课程。此外，职业培训的内容、专业等，也会根据现实需要变化及时进行改进。在1969年生效的《联邦职业教育法》中，还专门将职业改行纳入了职教体系。得益于此，德国较快实现了经济结构调整：在1971年，德国和日本的服务业占GDP比重分别为49.8%和49.0%；到了1974年，两国的比例则分别是52.7%

和50.3%。在经济学中，服务行业提供的产品是典型的非贸易品；因此，服务业的发展，反映了德国经济重心向内需方向调整。而成功的职业教育，则在供给因素方面加速了这一调整过程。

泡沫经济：汇率升值既非充分也非必要条件

1985年9月，西方五国达成了联合干预外汇市场的"广场协议"。协议规定：日元与马克应大幅对美元升值。事实上，从1985年9月到1989年12月，两者分别对美元升值了46%和42%。同样经历了大幅升值，日本和德国经济的表现却截然不同。在20世纪80年代后期，日本经济热度一直高于德国；而在90年代初，日本经济经历了泡沫破灭，并开始了"失去的十年"；与此同时，如果不考虑两德统一的冲击，则德国经济始终保持了2%左右的温和增长。

德日汇率升值的同途殊归的历史提示我们：汇率的大幅升值，并不是日本"泡沫经济"的充分条件。同样，如果我们注意到美国次贷危机之前，美元汇率持续多年的贬值趋势，那么汇率的大幅升值，也不是"泡沫经济"的必要条件。简而言之，汇率大幅升值和"泡沫经济"并没有确定的关系。但是，在现代信用纸币条件下，每一次的泡沫经济中，我们都看到了极度扩张性需求政策的如影随形——每一次泡沫的形成无一例外。

日本经济的泡沫及破灭：在于过度依赖需求刺激政策应对升值

汇率升值本身，对日本经济的影响需要全面的评价。事实上，汇率升值后的几年中，随着贸易条件的改善，日本对外贸易的福利水平有很大提高；并且，汇率升值，也在经济结构调整、对外投资等方面发挥了积极作用。

从贸易条件改善这方面来看。按照日本东京大学吉川洋教授的估计：从1985年9月到1987年12月，日元兑换美元汇率从240∶1升值到130∶1，在这两年中，日本共减少了9万亿日元出口收入，占同期GDP的1%，这确实导致了国内投资和消费的减少。但从进口方面来看，日元升值后，以日元计价的进口价格下降，并由此导致两年共减少9.3万亿日元的进口成本，比减少的出口收入还稍多。进口商品价格降低，还给企业带来成本下降、利润上升的有利影响。总体上，日元升值带来的进口收益及其关联效应超出了出口损失，并且促使经济增长从依赖出口转向扩大内需为主，使经济结构也发生了积极改变：一些出口企业受升值影响而倒闭，但更多面向内需的企业获得了发展。同时，由于日元升值降低了对外投资成本，为这

全球经济和中国经济：穿越无人区

一时期日本企业的海外投资创造了更好的条件。

不过，日元的大幅升值，确实对外部需求造成了重大冲击。1986年，日本的外部需求对经济增长出现了负贡献，GDP增长率则由1985年的5.08%降至2.96%。在此背景下，日本采取了扩大内需的政策，以期减少对外部需求的依赖，使内需发挥主导作用，从而维持经济增长。为此，日本政府采取了积极的财政政策和扩张性货币政策的双松政策组合。在当时日本扩大内需的过程中，形成了以政府为主导的格局，具体包括增加政府公共投资（财政政策）、扩大企业投资（货币政策），以及转变居民消费结构等措施。

但是，决策者严重高估了日元升值对经济的冲击，因此双松政策力度过大。这就导致了两方面的不良后果，为今后"失去的十年"埋下了伏笔。其一，过于宽松的宏观政策，尤其是货币金融政策，导致国内资产价格泡沫膨胀，大量资金涌向了股票市场、房地产市场；同时，也加剧了境外热钱的流入，进一步推高了资产价格。后来泡沫破裂产生的落差之大，其原因在此。其二，过度宽松的财政、货币政策，减少了日后经济刺激的政策空间。日元升值后，经过几年的双松政策组合，日本中央政府债务占GDP比重在1990年就已超过了50%，而德国的这一数据直到2001年也未超过40%；货币政策方面，日本在1989年的存款利率仅不到2%，而德国这一数据高达5.5%。可见，相对而言，带着这样的财政、货币政策条件进入20世纪 90 年代，日本经济刺激的政策空间已经捉襟见肘。而当经济真正面临困境的时候，政府刺激经济的能力已经大受约束。

德国经济的平稳发展：稳健地管理需求，积极地改善长期供给因素

在马克大幅升值以后，德国经济同样受到了冲击。1986 年德国的出口受到明显冲击；在 1987 年，德国经济增长率更是降至 1.40%，与升值前 1984 年的增长率 3.12% 形成了鲜明对比。但是随后德国经济强劲反弹，1988 年经济增长率已经攀升到 3.71%，1990 年更是超过了 5% 的水平。在 1993 年，德国经历了短暂的衰退之后，又回复到了平稳增长的路径上。

可见，与日本相同，作为广场协议的众矢之的，同期的德国马克也经历了大致相当的升值幅度，并承受了相应的冲击。但与日本不同，德国政府持有完全不同思路的经济政策取向。

在货币政策方面，德国民众对第二次世界大战时期的通胀刻骨铭心，这也造就了世界上最具有独立性和稳健性声誉的德国央行。对于历任德国央行的政策制定者，他们均以稳定物价水平为首要目标。在广场协议之后，由于马克大幅升值，德国经济增长率连续两年出现下滑的情况下，德国经济依然维持了 3% 以上的存款利率，这几乎是日本同期利率水平的两倍。此外，德国央行也充分利用灵活的货币政策组合，在抵消一部分

全球经济和中国经济：穿越无人区

升值影响的同时，又竭力稳定市场的流动性水平。例如，由于马克升值后出口受到影响，德国央行在1987年1月将贴现率和抵押贷款利率都降低了0.5个百分点，以刺激经济；但与此同时，德国央行又提高了存款准备金率来冲销流动性的膨胀。这也反映了德国央行在刺激需求的同时，对稳定物价水平持有非常谨慎的态度。

在财政政策方面，1982年坚持新自由主义的科尔当选德国总理，并一直当政到1998年，成为德国战后历史上任职时间最长的总理。科尔的新自由主义思想在财政政策方面有很多体现，例如：从1982年到1987年，德国财政赤字占GDP比重，由3.3%逐年单调递减至0.4%的水平。这其中甚至包括了马克汇率大幅升值之后，德国经济承受冲击的年份。此外，科尔在税收政策方面，对企业和个人大幅减税；在财政支出方面也通过对企业和个人减少补贴等手段削减开支。通过这些方式，科尔政府减少了对经济不必要的干预。与此同时，科尔政府却更加注重对经济结构调整进行干预，例如：用财政补贴、直接或间接投资来资助一些利润率低、投资周期长、风险大的生产行业；同时，也积极支持企业的研发预算，并向劳动者提供各种培训及其他形式的帮助，从而提高劳动者的素质。

时任联邦德国经济发展专家委员会主席的施奈德教授，解释了德国经济政策的出发点。他认为：对于解决失业问题，凯恩斯的需求管理政策可以在短期内奏效；但是无法在长期中根本性地解决问题。增加就业要靠投资，而贷款利率的下降只是暂时性、一次性减少了企业的投资成本。但企业投资是一种长期行为，这种行为最终还将取决于长期利润率情况。因此，政府应该采取措施，改善企业盈利的环境，从而改善就业，促进经济增长，而不是一味地对经济直接进行需求刺激。

启　示

　　同样面临汇率升值，德国、日本的不同经历给我们带来了有益启示。第一，面对汇率的冲击，一个工资具有弹性的劳动力市场，将维持更为稳定的就业水平。第二，汇率向均衡水平的回复性升值，对于经济结构调整起到正面作用，而这种作用实现的快慢以及程度，与其他辅助、预备措施有关。例如，德国的职业教育广泛涉及各个行业，及时根据市场需求进行调整，并由学校和企业联合办学。这种职业教育模式的推行，对于及时调整产业结构，提高企业国际竞争力，提升经济活力都产生了积极作用。第三，除了促进经济结构调整之外，汇率大幅升值的积极影响还包括改善贸易条件，增进国内福利；改善企业对外投资环境等。

　　最后一点，也是最为重要的一点。同样被列入广场协议的升值"黑名单"，但是德国和日本风格迥异的政策取向，导致两国经济的日后发展出现了分化。日本的政策至少在三个环节

全球经济和中国经济：穿越无人区

出现了失误，其一，对货币大幅升值的负面影响，过于忧虑；并进一步导致——其二，过早、过度使用了双松的政策组合，促成了泡沫的积聚，减少了日后政策的回旋余地；其三，在刺激经济过程中，过度依赖需求管理政策，以致其弊积重难返。而德国的决策者，同样面临升值带来的外部需求冲击，却并未采取大规模的需求刺激，而是从供给角度改善企业的经营环境，通过利润的提高来促进私人投资。后者虽然承受了短期内经济的下滑压力，但是保持了经济的长期稳定发展。这一点，也许是我们作为后来者，尤其需要努力体会的。

（本文写于2010年4月）

缓解汇率冲击的外部解：
国际汇率政策协调

汇率的大幅波动，必然会使实体经济产生剧烈的波动吗？对这个问题的肯定式回答，带来了对浮动汇率制度的恐惧。而否定回答，则带来了更为乐观的预期，以及更具野心的汇率改革方案。不管是恐惧还是相对乐观，人们往往从国内经济因素来寻找佐证。这里我们将关注缓解汇率冲击的另一个视角：改变我们的外部环境。

广场协议：德国幸存指南

1985年9月，西方五国达成了联合干预外汇市场的"广场协议"：日元与马克大幅对美元升值。事实上，从1985年9月到1989年12月，两者分别对美元升值了46%和42%。同样经历了大幅升值，历史却对日本、德国给出了完全不同的回答。

全球经济和中国经济：穿越无人区

相对于日本经济，德国经济何以能够在广场协议之后幸存？原因很多，根据笔者的不完全总结，主要有三点原因：

其一，广场协议之后，日本过度依赖扩张的货币政策刺激内需，德国则更多地使用了财政政策，对扩张的货币政策保持了非常谨慎的态度。具体可以参见本书另一篇文章《扩大内需：靠财政还是货币？》。

其二，广场协议前后，日本金融自由化的改革顺序出了问题，具体参见本书另一篇文章《20世纪80年代，日本金改的错与莫》。

其三，正是本篇要介绍的内容：广场协议后，日元对美元的升值是单打独斗；而德国马克对美元的升值，则是以"铁索连船"的集体行动来应对的。

广场协议之后的1986年至1990年，日本出口贸易增速明显偏弱，年均增速仅为4.1%；德国的出口贸易则维持了强劲增长势头，年均增速仍然高达16.7%。对美元升值更多，而德国出口表现却更为强劲。

一方面，这与德国贸易方向多元化有重要关系，根据国际货币基金组织（IMF）的数据，在当时的德国出口当中，美国市场仅占8%，欧共体成员国占比则高达70%；另一方面，德国与欧洲贸易伙伴之间的汇率，多处于欧洲货币体系（EMS）的安排之下，德国和主要贸易伙伴的货币都在较窄的范围内钉住欧洲货币单位（ECU），互相保持着较稳定的汇率水平。这种稳定的汇率安排,与欧共体的内部贸易又有一种双向的强化关系。相反,日本的出口有 30%—40% 集中于美国市场,而且东亚其他国家的汇率对日元大幅波动。因此,同样对美元的大幅升值,日本就悲剧了。

日本的自我救赎

20 世纪 90 年代后期的金融危机,让东亚大部分经济体都体验了货币危机的梦魇。日本也在其中看到了机会——像德国那样,建立起东亚汇率协调体系,为日本和东亚经济提供外部稳定机制的时机似乎成熟了!

此后,日本学者在相当长的时间内(或者应该说一直以来),主导了东亚货币合作的研究,其中伊藤隆敏教授、小川英治教授就是两位代表性人物。前者曾经在东京大学任教,在安倍晋三的上个任期(2006 年 9 月至 2007 年 9 月)曾任首相经济顾问,在安倍的第二任期当中,也曾经与黑田东彦并列,成为日本央行行长的热门人选。小川英治教授曾任日本央行的货币政策委员会委员,也曾任日本一桥大学的副校长。

2000 年,小川英治和伊藤隆敏设计了一个货币篮子,如果能够共同钉住这个货币篮子,那么东亚经济体就能同时实现双边汇率以及多边有效汇率的稳定。这时候,东亚国家不但能够稳定区内贸易,也可以缓解外部因素带来的冲击,从而将汇率波动带来的成本最小化。

2006年，小川英治与清水顺子共同提出了亚洲货币单位（AMU）的概念，并且计算了这个货币单位。这使得东亚经济体的汇率钉住一篮子有了具体、清晰的目标。此后，在经济产业研究所（RIETI，相当于我国的商务部国际贸易研究院，但研究范围更广）的支持下，AMU的研究得到了进一步的拓展，AMU及其衍生指标每个月都在RIETI的网站有更新和发布。

关于AMU的研究一直没有停止，但是受到中、日双边关系等国际政治环境的影响，以及后来国际金融市场保持了一段时期的风平浪静，在实践上，东亚汇率协调机制基本处于停滞状态。

汇率协调机制进入北京时间？

当国际金融市场面临狂风骇浪，除了个别大型经济体之外，大部分开放的经济体都是一叶扁舟。通过锚住一个共同的货币单位，区内各国可以建立起汇率协调机制，从而避免或缓解外汇市场以及汇率冲击带来的压力——这是广场协议德国生存指南对中国的启发之一。就这个角度而言，中国要避免汇率大幅波动带来的影响，一种办法就是推动东亚区域的汇率协调机制。那么中国主导、推动东亚汇率协调机制的时机是否成熟？

缓解汇率冲击的外部解：国际汇率政策协调

我们倾向于给出一个肯定的答案。

首先，当前国际金融市场充满动荡和风险。欧洲央行、日本央行等五国都在强推负利率，美联储的货币政策取向扑朔迷离，外围市场如俄罗斯、巴西、阿根廷、哈萨克斯坦等，都已经或仍在面临着巨大的经济、金融冲击。从扣动金融危机的扳机来看，亚洲新兴市场面临的外部风险也正在上升。在美联储加息正式启动之前，从2015年5月开始，东亚区内普遍出现股指大跌、汇率快速贬值的现象，同时一些经济体也出现了严重的资金外流和外汇储备的下降，一些东南亚国家如印度尼西亚、马来西亚的外债甚至还在快速攀升。今时已不同往日，东南亚金融危机的悲剧未必重演，但从目前的国际金融形势来看，区内国家的货币与金融合作，尤其是汇率协调机制的合作具有现实需求。

其次，中国已经成为大部分东亚经济体的最重要贸易伙伴，成为东亚经济生产网络的核心枢纽。以东盟为例，10年前，大部分经济体的最重要贸易伙伴当中，中国基本上都排在前三名之外。到了2015年，东盟6个主要经济体当中，中国已经成为其中5个经济体的最大贸易伙伴，只有菲律宾例外（中国是其第二大贸易伙伴）。整体而言，中国也是东盟的最大贸易伙伴和第一大出口国，这一地位已经维持多年。在此基础上，东盟国家货币汇率的波动，也开始更多地考虑人民币汇率因素。

全球经济和中国经济：穿越无人区

美国彼得森国际经济研究所的两位研究者，Subramanian 和 Kessler 在 2013 年的研究表明：在 2005 年 7 月至 2008 年 7 月，以及 2010 年 7 月至 2013 年 7 月，这两段人民币对美元汇率持续升值的时期，东盟 10 国钉住人民币的节奏明显加快，其中 7 个国家的货币与人民币的紧密性甚至超过美元，当人民币升值 1%，东南亚 7 国汇率则上升 0.5%，但如果美元上行 1%，上述 7 国货币汇率的上行幅度仅为 0.3%。笔者甚至惊呼其为"人民币在美国后院的崛起"。

相比较而言，徐奇渊和杨盼盼在 2013 年的研究，则没有这么乐观：美元在东亚地区的锚货币地位相当稳固。不过他们也发现，2008 年金融危机以来，日元已经基本上失去了在东南亚各国货币当中的驻锚作用，同时人民币的地位显著上升，在东盟 6 大经济体的货币当中，人民币权重大致在 20% 到 30% 之间的水平。

过去 10 年，中国与日本的经济力量对比发生了大反转。2005 年，中国的 GDP 是日本的一半；2010 年，中国与日本持平，时隔 4 年之后的 2014 年，中国 GDP 已经是日本的 2 倍！以此为背景，中国在东亚区域汇率协调中的话语权、影响力也日益增强，同时为地区金融稳定提供公共产品的责任也在上升。因此，在我们关注汇率冲击对国内的影响时，我们也要更多关注这一问题的外部解。

主要参考文献：

1. Eiji Ogawa, Takatoshi Ito, *On the Desirability of a Regional Basket Currency Arrangement*, NBER Working Paper Series (National Bureau of Economic Research), Working Paper No. 8002, National Bureau of Economic Research, 2000.

2. Eiji Ogawa, Shimizu Junko, "AMU Deviation Indicators for Coordinated Exchange Rate Policies in East Asia and their Relationships with Effective Exchange Rates", *The World Economy*, 29 (12), 2006, pp. 1691 – 1708.

3. Subramanian, Arvind and Kessler Martin, *The Renminbi Bloc is Here: Asia Down, Rest of the World to Go?*, PIIE Working Paper WP 12 – 19, 2013.

4. 徐奇渊、杨盼盼：《东亚货币转向钉住新的货币篮子?》，《金融研究》2016 年第 3 期（该文初稿完成于 2013 年，我们所在机构与小川英治教授每年举办一次双边的学术研讨会，主题聚焦于中日的金融合作。2013 年年末，在东京 RIETI 的研讨会上，双方也讨论了这篇论文）。

（本文写于 2016 年 3 月）

国际交易结算当中，中国如何面对赫斯塔特风险？

赫斯塔特银行的突然崩盘

一个习惯多年的环境，突然之间发生了变化，总会让人有些手足无措。当然也有的人会认为，这恰恰就是机会。老赫斯塔特（Iwan Herstatt）和他的外汇交易部主管达特尔（Daniel Dattel）就是这么想的。

1972年，美元与黄金脱钩，之后西方主要货币陆续与美元脱钩，国际货币体系全面进入浮动汇率时代。那些过度自信的投机者认为，赚大钱的机会终于来了！达特尔是众多投资者当中的幸运者。第二次世界大战结束，他从奥斯威辛集中营里捡回一条命，经历过人生大浪。国际货币体系动荡的大时代来临，他在1973年为赫斯塔特银行赚得盆满钵满，也由此获得了老赫斯塔特的极大信任，并在行业内外声名鹊起，成为电视

国际交易结算当中，中国如何面对赫斯塔特风险？

银屏上对汇率问题侃侃而谈的热门人物。

但是，由于其后的多次严重判断失误，达特尔主管的外汇业务给银行带来了巨额亏损，并导致银行资不抵债。1973年圣诞前夕，刚刚过完60岁生日的老赫斯塔特正处于人生巅峰。他未曾想到，仅仅半年之后，他便深陷于梦魇。而更多的投资者包括德国监管当局，也未曾想到，赫斯塔特银行的破产清算，甚至还会导致更多始料未及的风险。

老赫斯塔特和他的朋友——赫斯塔特银行的大股东，同时也是格林保险集团的老板格林先生（Herr Gerling），两者竭尽全力也回天乏术。1974年6月26日当天下午3点，监管当局下令关闭赫斯塔特银行，并令其对外汇交易进行清盘。这时候美国是纽约时间上午10点，而在德国，这已经是当周最后一个工作日（周五）的下午，法兰克福的外汇市场临近收盘。

在赫斯塔特银行清盘的过程中，其他交易对手向赫斯塔特银行支付了德国马克，而赫斯塔特银行却无法及时向交易对手支付美元，导致其交易对手发生了巨额本金损失。此次违约事故损失高达4.7亿德国马克——这就是我们今天所说的赫斯塔特风险（Herstatt risk）。

故事到这里还没有结束，赫斯塔特银行破产之后，全球外汇市场一片风声鹤唳，许多银行都冻结了对外付款操作，国际市场一度陷入停顿。在此过程中，外汇市场的结算风险由一家机构蔓延到了整个外汇市场，并在国际范围内引发了系统性问题——赫斯塔特风险的第二阶段。这一系统性风险是如此之大，不仅进一步引发了德国银行业的后续破产事件，还直接推动了巴塞尔银行监管委员会在次年的诞生。

当然，赫斯塔特风险的直接触发，也有一定的偶然性。1974年6月23—26日，来自各方的代表对赫斯塔特银行的生死存亡进行了激烈的争论，这些代表来自德国的监管当局、赫斯塔特银行、德国的主要大银行，以及前面提到的格林保险集团。作为当事人之一，来自监管当局的斯陶克（Stauch）博士回忆，由于堵车和飞机航班的延误，6月26日的会议推迟到下午1:20才开始。也就是说，当天下午的会议原本是可以更早召开的——尤其是按照德国人的守时习惯来说。

如果是这样，那么赫斯塔特银行就有相对充足的时间向交易对手进行支付，由于时差所导致的外汇结算风险就可以在一定程度上减少甚至完全避免。又或者，如果德国监管当局在事前对这一风险有足够的认识，将赫斯塔特银行的破产清算时间做更为合理的安排，那也能够在一定程度上减少结算风险。

所以，这一结算风险最终被"赫斯塔特"所冠名，实在是有些偶然。但是这种风险本身，确实是实实在在的存在！在外汇交易过程中，市场机构一旦发出了支付指令，就开始面临着结算风险，其风险一直要到这个机构最终收妥买入的货币时才会结束。

国际交易结算当中，中国如何面对赫斯塔特风险？

赫斯塔特风险的解决方案

1974年6月26日，倒下的德国赫斯塔特银行，给交易对手带来了巨大的损失，也给教科书永久性地留下了一个名词——赫斯塔特风险。

由于外汇双向交易的不同步，以及时差原因：在赫斯塔特银行清盘的过程中，其他交易对手向赫斯塔特银行支付了德国马克，而赫斯塔特银行却无法及时向对方支付美元，导致其交易对手发生了巨额本金损失。这种风险根源于外汇交易的复杂性，24小时的不间断交易，同时又交替涉及不同国家的交易支付体系、汇率制度、资本项目制度，甚至是司法体系。

在全球外汇市场上，每天的结算以万亿美元计。这时候，即使赫斯塔特风险以万分之一的小概率发生，对某个不幸的交易者来说，也会带来致命的打击。

直到21世纪伊始，英国《经济学人》杂志社还提到，赫斯塔特风险的阴影漫长而黑暗（the long, dark shadow）。为此，各国监管当局一起在积极推动国际合作、开发降低外汇结算风险的方法。2002年，全球持续联系结算（Continuous Linked Settlement，CLS）交易系统在美国建立起来了。通过在中央银行开立账户、接入结算货币所对应的实时全额支付结算系统，CLS系统可以实现货币24小时的实时全额兑付（Payment Versus Payment，PVP)，从而真正消除外汇结算风险。

外汇结算风险不仅有本金的损失，不即时的支付，也可能会面临不同程度的汇率波动风险。尤其是中国如果要纵身一跃，从固定汇率跃向浮动，这时候，中国以美元为主的结算体系，也将面临20世纪70年代类似的考验，赫斯塔特风险就值得我们重视。

从长期角度来看，中国也将逐步地走向汇率浮动和资本项目开放。在此背景下，中国面临的赫斯塔特风险也将呈上升趋势。而目前，加入CLS系统的货币虽然有18个，但是人民币并不在其列。这意味着中国无法直接通过CLS系统来消除赫斯塔特风险。

人民币为何缺席CLS系统？

CLS对于交易货币有一系列门槛要求，人民币目前尚未成为CLS的合格货币。从其中一些条件来看，人民币已经达到要求，比如，长期主权信用评级需要在BB-或Ba3级以上，实行反洗钱政策等。但是从另一些条件来看，人民币尚未达标，比如：货币可兑换（convertibility）和外汇管制（exchange controls），以及实时全额结算系统（RTGS）等条件。

实际上，货币可兑换和外汇管制的要求并不是严格意义上的，CLS允许交易货币存在一定的外汇管制措施。比如，港币和南非兰特都是 CLS 的交易货币，但是港币严格钉住美元，而南非兰特也实行部分资本管制。但是 CLS 也要求交易货币的管制措施必须清晰、可预期，否则可能产生潜在的法律或管制纠纷，从而威胁到实时全额结算的顺畅运行。

在实时全额结算系统（RTGS）方面，我国的人民币跨境支付系统（CIPS）在 2015 年 10 月已经上线，不过目前仍然不成熟，难以完全达到接入 CLS 系统的要求。除了诸多门槛条件之外，由于 CLS 的注册地在美国，并且接受纽约联储和美联储系统的管辖。因此，一种货币要获得加入 CLS 系统的资质，也需要获得美联储的书面批准。美国货币当局对人民币市场的政策取向，也可能在此过程中产生潜在的影响。

中国面临的赫斯塔特风险

截至 2016 年 7 月末，在中国外汇交易中心与人民币直接兑换的货币有美元、欧元、日元、港币、英镑、马来西亚林吉特、俄罗斯卢布、加拿大元、澳大利亚元、韩元、南非兰特 11 种货币。但是长期以来，与人民币直接交易的货币中，美元占据着绝大部分比例。

2011 年的中国银行间外汇市场上，与人民币交易的外币当中，美元所占的比例是 99.3%。根据中国外汇交易中心 2015 年 12 月的数据，该月人民币现汇外汇交易总成交量为 5283.8

亿美元，当中人民币兑美元的交易额就有5061.2亿美元，占比95.8%。

从这些数据来看，人民币外汇市场结算的时差风险非常大。因为人民币是按上海的营业时间在银行间进行结算，而美元是按纽约的营业时间在银行间结算，所以赫斯塔特风险将表现为：确认收到美元之前就必须支付人民币的时差风险（露口洋介，2013）。

中国缓解赫斯塔特风险的努力

人民币加入CLS系统还有一个过程。在CLS系统之外的中国，如何尽量避免、缓解人民币交易系统的赫斯塔特风险？目前中国至少在以下三方面采取了措施：

其一，提高人民币汇率的清算效率、扩大其业务覆盖面。

近年来，人民币外汇清算业务，经历了从全额结算走向净额结算、从双边结算走向集中结算的过程。2009年6月1日，银行间市场推出了人民币外汇即期询价交易的净额清算业务，从而减少了清算量和资金占用量，提高了清算效率。此后，净额清算范围又有所扩大。

2014年11月3日，人民币外汇交易开始使用中央对手清算业务（CCP），并且覆盖了即期、远期和掉期交易，重新建立了外汇市场的集中清算机制。在CCP模式当中，上海清算所介入交易的对手方之间，成为买方的卖方、卖方的买方，从而使交易合约买卖双方的对手都被替换成了清算所。通过这种模式，不但可以提高效率，还可以实现实时结算、避免结算失败，有效降低结算参与人的风险。

其二，延长人民币外汇市场的交易时间。

实际上，CLS 的核心环节，也就是在国际范围内引入了中央对手清算业务（CCP）模式，只不过 CLS 充当了全球交易者的中央对手方，而且 24 小时连续工作。而人民币并未加入 CLS 系统，所以对国际交易者而言，人民币的中央对手清算业务系统仍然存在时间的真空。

2016 年 1 月 4 日起，人民币外汇市场交易系统开始执行新的交易时间。调整前，人民币外汇市场运行时间为北京时间 9：30—16：30；调整后变成 9：30—23：30。调整后交易时间延长了 7 个小时。这不仅有利于完善人民币外汇市场的价格形成机制，也有利于缓解人民币外汇交易的赫斯塔特风险。但是，即便在延长交易时间之后，人民币外汇市场的中央对手清算业务也仍然存在 10 个小时的时间真空。

其三，推动人民币对近时差地区货币的直接交易。

美国时区距离中国最远，而美元恰恰又是人民币外汇市场上最主要的外币币种。如果人民币外汇交易能够从全球布局的角度，尽量跳过美元，直接与近时差地区的非美元货币交易，那么也可以在一定程度上减少甚至避免赫斯塔特风险。

全球经济和中国经济：穿越无人区

这方面的举措也一直在推进当中，但是，人民币对非美元货币的直接交易遇到了不少困难。其中一些问题与先天不足有关，还有一些问题则与后天的外汇政策、清算行布局、金融基础设施建设等问题密切相关。我们将在后续分析中继续关注这些问题。

中国仍需解决的一些问题

长期以来，与人民币直接交易的货币中，美元占据绝大部分比例。而人民币是按上海的营业时间在银行间进行结算，美元是按纽约的营业时间在银行间结算，所以人民币外汇市场结算的赫斯塔特风险非常大，即确认收到美元之前就必须支付人民币的时差风险。

在未能加入全球持续联系结算（CLS）交易系统的情况下，中国如何尽量减少赫斯塔特风险？有很多举措都与此相关。其中，推动人民币对非美元货币的直接交易，就可以使外汇交易跳过美元，从而在一定程度上减少赫斯塔特风险。但是，人民币对非美元货币的直接交易也遇到了一些问题：

钉住美元的汇率制度是一种束缚

人民币在事实上软钉住美元的汇率制度，不利于推进人民

国际交易结算当中，中国如何面对赫斯塔特风险？

币与非美元货币的直接交易。2012年6月1日，人民币—日元的直接交易启动，这是第一个非美元的发达国家货币启动与人民币的直接交易。此后，澳元、新西兰元、英镑、欧元、新加坡元等也陆续启动了与人民币的直接交易。

但是实际上，直接交易启动以来，人民币与非美元货币的直接交易进展仍然缓慢。2011年的中国银行间外汇市场上，与人民币交易的外币当中，美元占比为99.3%。根据中国外汇交易中心2015年12月的数据，当月人民币现汇外汇交易总成交量为5283.8亿美元，当中人民币兑美元的交易额就有5061.2亿美元，占95.8%。

可见，人民币与美元的交易额虽然有所下降，但变化并不显著。其原因可能来自多个方面，但人民币汇率形成机制本身，也是重要的阻碍因素。在当前人民币汇率的参考货币篮中，美元无疑仍然是最重要的货币，也就是说人民币对美元汇率最为稳定；而与此同时，人民币对日元、英镑、欧元等却存在较大的波动。

2012年1月到2015年7月这段时间，人民币对美元汇率的最高点、最低点，其振幅约为5.7%，同期人民币对其他货币的振幅分别是：英镑18%，欧元32%，日元甚至超过60%。从2015年8月11日汇改到2016年8月初，人民币对美元的汇率振幅为5.1%，对其他货币的振幅分别为，欧元6%，英镑13%，日元则接近30%。

全球经济和中国经济：穿越无人区

长期以来，如果从事贸易结算、跨境贷款、直接投资等交易，人民币—美元的交易无疑是最为安全的选择。而人民币和其他非美元货币的交易，反而会招致更大的汇率风险。这就强化了人民币—美元交易市场的流动性，并降低了交易成本；而与此同时，挤压了人民币和其他非主要货币交易的发展。

可见，汇率制度因素不仅可能会直接影响人民币加入 CLS 系统，也可能间接通过阻碍人民币对非美元货币的直接交易，从而使人民币外汇市场不得不面对更多的赫斯塔特风险。

金融基础设施的制约

对纵横驰骋于国际金融市场百余年的国外跨国银行而言，人民币跨境业务只是在众多币种交易的基础上，又增加了一个新的币种交易。而对刚刚融入全球金融市场不久的中国银行业而言，人民币跨境业务是一个全新的事物。对市场建设者和监管者而言，也是如此。在此背景下，积极推动人民币与近时差货币直接交易的金融基础设施建设（包括软件和硬件），对市场参与者而言则意味着更多的交易机会，对监管者而言也意味着一种紧迫性。

以人民币兑日元交易为例：在上海外汇交易中心，2012 年 1 季度到 2013 年 1 季度，人民币与日元交易规模在总体外汇交易中的占比从 0.14% 上升至 6.65%，仅次于美元。而第三位的欧元比率则停留在0.72%。同时,东京市场上人民币兑日元交易也获得了一定的发展。

但是,东京市场上银行间的人民币交易属于离岸人民币交易,其风险无法在在岸市场上获得对冲(因为资本项目并不完全开放)。因此,东京大部分的CNH对冲交易仍然需要在香港银行间市场进行操作。在这种情况下,对冲交易仍然需要拆解成CNH兑美元、美元兑日元两个环节分别进行操作。由于上述原因,人民币兑日元的直接交易难以真正实现减少赫斯塔特风险的目的。

解决方案在哪里?在中短期内资本项目不宜大幅放宽的背景下,一种方案是在日本发展人民币的清算行,提高离岸人民币在东京的交易效率,从而增加东京市场上离岸人民币—日元的交易量,以此为基础发展CNH—日元的对冲交易,从而降低赫斯塔特风险。

为什么清算行的作用如此关键?

失去的时候才懂得珍惜——在清算行缺位的情况下,其作用才会让人有直观的体会。在中缅边境,跨境资金流动与日俱增,而地下钱庄也日益盛行。非正规金融系统在跨境资金流动中充当主要渠道,这虽然有诸多原因,但是正规系统的清算行缺位无疑也是重要原因。

全球经济和中国经济：穿越无人区

多年前一些专家就认为，为了稳定金融秩序，资金跨境的渠道亟待多元化、阳光化。在此背景下，2015年3月，瑞丽的中缅货币兑换中心正式挂牌成立。而当年，该兑换中心的交易量仅为2亿元人民币左右，这与同年瑞丽口岸300亿元左右的贸易量，以及潜在的数百亿缅币—人民币资金流动量相比，兑换中心所起到的作用仍然是微不足道的，大量交易借道地下钱庄的问题并没有得到解决。

为什么正规金融系统无法发挥主导作用？清算行的缺位正是重要原因。在此条件下，如果瑞丽的货币兑换中心以市场汇率接受缅币、兑付人民币，则货币兑换中心很可能积累大规模的缅币余额。由于货币兑换中心没有缅币的资金使用渠道，而且也无法通过清算行进行平盘，因此，货币兑换中心可能面临巨大的货币错配风险。

结果在现有约束条件下，货币兑换中心只能以较低的价格兑付缅甸，从而覆盖潜在的汇率波动损失。而地下钱庄则不同，这些机构可以通过非正规的跨境渠道实现平盘、避免汇率风险。因此，地下钱庄往往能够以更优惠的价格来提供缅币的兑换服务，同时获得盈利。

可见，清算行在促进人民币与其他货币交易当中有非常关键的作用。尤其在推动人民币与近时差货币交易的过程中，清算行是金融基础设施建设中的基础环节（当然，在不同条件下，代理行模式也可以是一种替代的选择方案）。

国际交易结算当中，中国如何面对赫斯塔特风险？

当然，从长期的视角来看，在资本项目的开放过程中，境外清算行的作用将逐渐弱化，清算行的垄断地位也可能退化为一般的代理行。但是从中短期来看，资本项目难以大幅度放开，在这个过渡时期，就需要有过渡性的基础设施进行配套。在此过程中，作为金融基础设施软件的人民币跨境支付系统（CIPS）、人民币汇率制度等就需要不断地完善、升级；而作为基础设施的硬件，清算行的海外布局就需要在空间上有所考虑。

东亚地区同时是中国的近时差地区，又是重要的贸易伙伴，因此将是过渡时期人民币清算行进行布局的重中之重。在此基础上，中国可以进一步积极参与亚洲支付网络（Asia Payment Network，APN）*的建设，推动东亚区域货币交易支付网络的发展。

* 亚洲支付网络（Asia Payment Network，APN）：基于对亚洲金融危机的反思，2006年，印度尼西亚等东南亚中央银行呼吁组建APN，从而试图建立起不依赖美元的亚洲区域内结算基础设施。比如：泰国和印度尼西亚都加入了该网络，则泰国居民可以利用本国发行的银行卡，从印度尼西亚的ATM中直接取出印度尼西亚盾。截至2014年年初，已经有亚洲和大洋洲10国参加。

（本文写于2016年7月）

人民币汇率制度走向充分弹性：
条件正在走向成熟

多年以来，人民币汇率形成机制缺乏弹性，对货币政策构成了一定掣肘。就某种意义上而言，中国现有的货币政策框架，实际上就是以汇率政策为出发点而展开的。甚至在一定意义上，"中国的货币政策就是汇率政策""货币政策以汇率为纲"。这种观点不一定完全准确，但是，却道出了中国货币政策事实面临着的、尴尬的约束条件。

由于汇率形成机制缺乏足够弹性，极易形成单边升值预期或单边贬值预期。无论是哪一种情形，我们都能看到类似的传导机制，即汇率缺乏充分弹性→市场的单边预期→央行被动进入外汇市场进行干预→外汇储备、基础货币的大幅波动→各种正向、反向的冲销干预联动，甚至对资本项目实施"宏观审慎管理"。这一系列的冲销干预，带来了各种难以估算的显性、隐性成本。

人民币汇率制度走向充分弹性：条件正在走向成熟

市场的心已动，而汇率的幡未动——汇率形成机制缺乏充分弹性的背景下，汇率波动牵一发而动全身。**在现行汇率制度下，汇率为"纲"，"纲"举目张。**那么易纲行长的任内，能否"易"汇率之"纲"？

回答上面的问题，要先问：为什么决策者偏好人民币比较稳定的汇率制度？**从政策目标来看，维持汇率稳定有两个出发点：**其一是为了稳定出口，从而稳定就业。通常在升值预期下这方面考虑较多。其二是为了保证金融系统稳定、不发生危机，这通常是在贬值预期下考虑较多的问题。决策者的偏好可能比较稳定，但是**从经济环境来看，中国选择汇率制度所面临的约束条件正在发生着深刻变化。**这些约束所形成的天时、地利，加上人和的因素，将有望改善汇率制度与上述政策目标之间的矛盾关系，从而成就中国汇率制度的转型成功，以及成熟货币政策框架的真正确立。

首先，近年来出口依存度有显著下降。2006年，中国出口的GDP占比高达35.4%。此后这一比例几乎呈现单调下降，到2017年该比例仅为18.5%。后者几乎是前者的一半。从长期趋势来看，出口作为中国经济的发动机之一，其重要性正在下降。中国作为一个"贸易大国"的角色已经毫无争议，商务部也开始更加强调"贸易强国"的理念。而中国企业在全球市场摸爬滚打多年，其竞争力已经对汇率波动具有了一定的承受能力。在"贸易大国"的成长过程中，汇率稳定起到了重要作用,但是在"贸易强国"的建设中,汇率因素的作用将有所减弱。

其次,新增就业不再成为一种压力。保增长是为了保就业,而目前的就业已经不再是一个大的问题。2010—2013年,城镇新增就业人数从1168万增至1310万,指标年均增长近50万。而从2013年开始,城镇新增就业人数几乎没有增长,2017年该指标为1351万,4年间平均增长仅10万,其中一些年份甚至出现了负增长(2015年)或接近零增长(2016年),但是总体的就业形势也保持了基本稳定。另一个指标是,2014年中期以来,制造业和非制造业加权的PMI就业分项指标,也一直低于荣枯线50,这表明制造业总体的就业需求量一直在萎缩,但是社会总体工资水平(包括实际工资水平)仍然保持着一定的增速。可见,在人口老龄化、就业压力下降的背景下,为了保就业而保出口、稳汇率——决策者已经缺乏这方面的政策动机。

再次,中国正在积极扩大进口、实现国际收支平衡。结合两会期间的政府工作报告,其中提到"积极扩大进口",为历年来对进口表态最为积极者。关于进口,政府工作报告中就直接提到了:"积极扩大进口,办好首届中国国际进口博览会,下调汽车、部分日用消费品等进口关税。我们要以更大力度的市场开放,促进产业升级和贸易平衡发展,为消费者提供更多选择。"具体来看,除了鼓励先进技术、仪器和设备的进口,下调汽车、部分日用消费品等进口关税之外，中国还在推动一系列**进口贸易的平台建设**。例如，目前已有的**进口贸易促进创新示范区**，以及在积极筹备中的**首届中国国际进口博览会**。后者将在2018年11月举办，为此，商务部已经正式成立了中国国际进口博览局，专门负责博览会的实施方案。可见，商务部的政绩理念，也从出口创汇转向积极扩大进口、推动国际收支平衡。就传统意义上而言，商务部代表出口部门坚持稳定汇率的立场，将可望看到有所弱化。这将有利于就汇率政策、汇率制度的态度，在更高层面达成一致。

另外，金融监管架构重塑之后，监管部门对金融风险的清理整顿将更加有力。2017年7月，全国金融工作会议把防范系统性风险放到了突出的地位。2017年10月召开的党的十九大，更是将防范系统性金融风险列为三大攻坚战之首，这充分显示了中央政府治理整顿金融秩序的决心。2018年3月的政府工作报告，则对未来一年的工作做了具体布置，地方政府债务问题成为2018年的工作重点。同时，金融稳定发展委员会的设立，银监会、保监会合并，以及相关主管副总理的任命到位，都将为金融监管的全面整肃铺平道路。2016年之前的问题是缺乏监管，2017年则一度出现了监管共振，2018年开始，各条线监管部门的协调性将会逐渐增强，监管的穿透能力也将会有明显提升。在此背景下，金融市场在更加稳定和健康的轨道上发展，也将为人民币汇率真正实现浮动（甚至资本账户的更大开

全球经济和中国经济：穿越无人区

放）提供更为坚实的市场基础。

最后，中国央行所面临的外部环境也在发生着深刻的变化，人民币汇率走向弹性的时间窗口期将再次到来。人民币汇率要走向充分的浮动，时机选择至为重要。在单边贬值预期下放开人民币汇率，容易招致国际市场的攻击，甚至导致货币危机，因此风险较大。而在一定的升值预期下，或者存在双边预期的条件下，人民币汇率放开的风险则要小得多。从美国方面来看：其一，美元指数已经进入了一个相对弱势的通道，而且这也恰恰是美国财政部以及美国政府所乐见的。2018年达沃斯论坛上，美国财长努钦也曾明确表示，美元走弱对美国有利。其二，特朗普总统也极为重视国际收支逆差问题，希望通过各种渠道来减少美国的国际收支逆差。任期内要在这方面取得显著进展，特朗普总统肯定不愿意看到美元的大幅升值，尤其是美元对人民币的大幅升值。

（本文写于2018年3月）

20世纪80年代，日本金改的错与莫

早在1968年，日本的经济总量就已经超过德国，成为世界第二大经济体。但其金融市场的改革步伐则一直相对滞后。在20世纪70年代石油危机之后，日本经济增速显著下滑，而民众对社会保障、各种福利的要求却大幅上升，这两者分别导致了财政收入增速的下滑，以及财政支出的加速上升。其结果就是财政赤字大幅上升、国债数量激增。刚开始，商业银行非常配合地购买国债，但后来由于国债数量实在太多，银行也开始抱怨；于是政府只好把国债投向市场。这样，在银行利率自由化面临障碍的情况下，债券市场及其利率自由化就首先发展起来了。

但是直到1984年12月16日，日本央行行长前川春雄卸任的时候，利率市场化仍然没有取得突破性的进展：存款利率自由化没有任何的松动，同时，银行间市场的短期利率，也主要是由日本银行来设定的。由于这些原因，当时日本银行间市

全球经济和中国经济：穿越无人区

场，并没有形成真正市场化的收益率曲线；而由于两个市场之间存在高度的相关性及替代性，银行存贷款利率的扭曲，也同时影响了国债市场价格的有效发现。

在此背景之下，日本银行的货币政策工具箱中，价格型政策（利率调整）的有效性是相当有限的；而日本人发明的"窗口指导"（这个发明后来也被某些国家所效仿）这类数量型政策则被证明有立竿见影之功效。即，日本银行利用其在金融体系中的特殊地位和影响力，对商业银行的贷款行为做道义上的劝说，并提供建议。事实上，从20世纪50年代末开始，直到1984年前川春雄行长卸任之时，"窗口指导"在日本的货币政策中一直发挥着重要而且有效的调节作用。

前川之后的继任者是澄田智，他的任期从1984年12月到1989年12月。澄田上任之后，股票价格、房地产价格加速上涨。与此同时，日本企业收购美国洛克菲勒中心、哥伦比亚影业这样的事件也频频见诸报端，日本国民由此重拾自尊，民族自信心也加速膨胀起来。不过，澄田智并没有失去理性，他努力回顾前面5年给前川当副手的经历，然后重新祭出了"窗口指导"厉害政策，对商业银行进行了道义劝说。但是，泡沫膨胀的势头并没有得到缓解。这并不是因为世风日下，商业银行失去了道义；而是因为时代不同了，"窗口指导"确已失效。这时的澄田好像一个司机，当他发现汽车正在超速行驶的时候，却惊讶地发现刹车好像出了问题。那么，是什么原因导致了"窗口指导"调节的失效？

关于刹车的隐患，要从前川在任末期说起，1984年4月，日本废除了远期外汇交易的实际需求原则；更重要的是在6月，日本进一步废除了外汇兑换日元的限制，日元基本上成了自由可兑换的货币。这意味着，日元不但是经常项下可自由兑换的，而且在资本项下的自由可兑换也基本放开了。"窗口指导"的核心，正是对信贷总量的干预；而日元与外汇兑换限制的放开则意味着：日本的企业、金融机构，可以从国外获得贷款，然后兑换成日元在国内使用，从而避开国内信贷总量的限制；或者，日本金融机构也可以对离岸市场提供信贷，然后日本企业又曲线获得融资。从这一刻起，"窗口指导"的效果已经被打折扣了。

事情还远未结束，在澄田任内的1986年12月，日本又在东京开设了日元离岸市场。这一举措，为日本国内企业和机构获得境外的融资，提供了更加便捷的渠道。这时候，"窗口指导"这个刹车闸实际上已经悄悄失灵。直到数年之后，澄田才下意识地碰了碰尘封已久的刹车，而结果则是令人恐惧的。

那么除了"窗口指导"，澄田智是否有其他选项呢？正如前面分析的，利率市场化尚未完成，价格调整类型货币政策效果相对较弱；因此，澄田智的选择主要局限于数量型的调控。可见，澄田任职期间，也就是1984年年末到1989年年末这段时间，日本央行对于信贷总量的紧缩，实际上是缺乏有效政策

全球经济和中国经济：穿越无人区

工具的。历史往往就是以成败论英雄的，当时的日本经济也是醉了，而澄田最终被冠以"泡沫先生"（Mr. Bubble）的称号。

但澄田并不是一事无成，他在任期间力推利率市场化：1985年10月，大额定期存款利率实现自由化，同时债券市场的期货产品开始交易；1988年11月，银行间市场的短期利率也实现了市场询价、还价的决定机制；1989年6月，小额定期存款利率也开始自由化。1989年12月，"泡沫先生"把行长职位转交给三重野康。这位继任者以好酒量而闻名，被时任中国人民银行副行长刘鸿儒赞为"海量先生"。三重接任的时候，日本利率市场化的关键工作已经大体完成，随后银行存、贷款利差也出现了迅速地收窄。到1994年10月，"海量先生"即将卸任的时候，活期存款利率的自由化，宣告了利率自由化的最终完成。

显然，这个好消息来得晚了一些。现任日本信金中央金库上席审议役露口洋介认为正确的顺序显然是：利率市场化在前，资本项目放开在后。如果是这样，在数量型货币政策（"窗口指导"）失效的时候，价格型货币政策（利率政策）就能及时发挥调节作用，从而20世纪80年代日本的泡沫经济在一定程度上是可以避免的。

2010年8月，时任日本银行副行长西村清彦也在一篇文章中这样回忆道："20世纪80年代后期的事实证明，伴随着金融自由化的一路高歌猛进，'窗口指导'对信贷数量的限制实在是有心无力的。"

往者不可谏,但可以肯定的是:当时日本金融自由化的顺序安排,受到来自国内、外政治、经济等多方面力量的影响,非日本央行一己所能为之。因此,日本银行可能承担了过多的指责。不过,作为一项涉及全局利益的改革步骤,金融自由化步伐确实当慎之又慎。澄田先生的经历也告诉我们:在一个刹车还不太好用的情况下,一定要保养好另一个刹车。

(本文写于2015年5月)

老龄化问题，中国比日本更棘手？

2016年4月20日，国家统计局发布的人口抽样调查数据显示：大陆人口老龄化呈上升趋势：0—14岁人口比重下降0.08个百分点，15—59岁人口下降2.81个百分点，60岁及以上人口相应上升了2.89个百分点。

在此背景下，劳动年龄人口也呈现出加速减少的趋势。2016年1月统计局发布的数据显示：2015年年末，中国16岁到59岁劳动年龄人口为9.11亿人，比2014年年末净减少487万人。这也是劳动年龄人口连续第4年出现下降。前3年劳动年龄人口的净减少分别为345万、244万、371万。

老龄化问题，中国比日本更棘手？

一直以来，日本女性作为全职太太的比例较高，因此其劳动参与率较低。然而在日本人口老龄化、经济不景气的大背景下，日本女性越来越多地投入劳动力市场，这一点恰恰为稳定劳动力市场起到了缓冲作用。

1990年，日本女性的劳动参与率为57.1%，在2014年，该比例上升至65.4%，增加了8.3个百分点！如果以高收入组的国家作为参照系，过去20多年中，日本女性劳动参与率已经从1990年的显著低于平均水平，一跃成为2014年的高于平均水平。假设女性和男性的劳动年龄人口数量相同，而且日本人口总量不变，那么过去24年中日本女性劳动参与率的提高，大致相当于女性劳动参与率不变情况下，年均人口增长率额外增加2.3个千分点的效果。

这一方面表明，女性劳动参与率提高对日本劳动力市场的重要性，另一方面也隐含着，安倍经济学"新三支箭"试图进一步提高女性劳动参与率，但实际上空间已经相当有限。

反观中国，由于女性劳动参与率一直处于高位，在这方面完全缺乏缓冲机制。1990年中国女性劳动参与率为79.1%，之后随着经济发展水平的提高，通过更多的接受教育、回归家庭主妇等方式，女性劳动参与率一路下滑到2014年的70.4%，下降了8.7个百分点。即使是70.4%的比例，也大大高于所有收入组国家的平均水平（在此，三个学术民工默默地向中国女性致敬！）。

如果仅仅从女性劳动参与率的角度来看，面对人口老龄化趋势，中国的回旋余地甚至小于日本。实际上，中国甚至可能面临人口老龄化、女性劳动参与率进一步下降的双重冲击。不过，中国也还有另外两个劳动力蓄水池，如果能利用好，也可能在相当大程度上缓解人口老龄化的冲击。

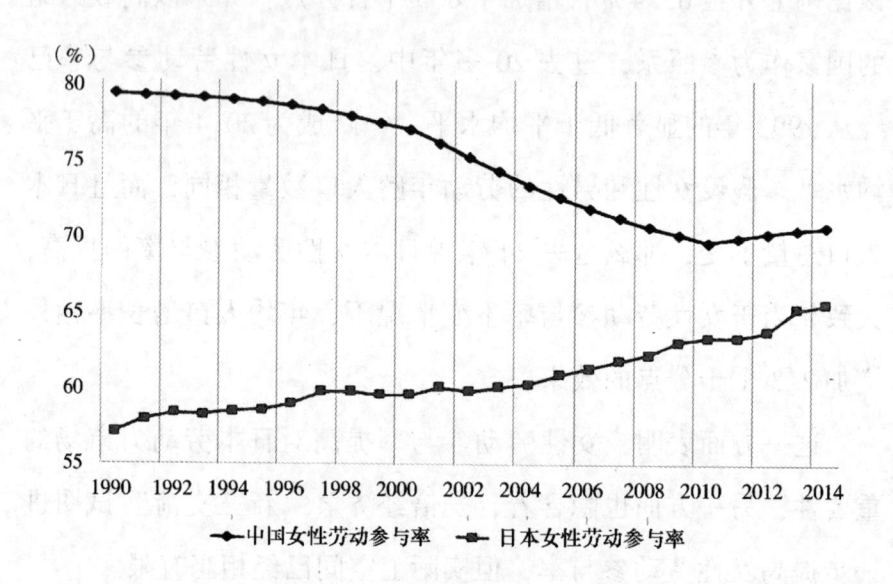

图19 中日两国女性劳动参与率对比

杀死僵尸企业，重组劳动力市场

僵尸企业大都身处产能过剩行业，具有三个特点：杠杆高、欠钱多；效益差、还不了钱；规模大、破产影响也大，尤其是对就业和银行不良贷款的影响最大。如果持续给僵尸企业输血，则长期影响更为恶劣：除了吸走了资金、挤出其他市场主体的融资需求；僵尸企业还阻断了劳动力市场的优化配置。

从劳动力市场角度来看，在社会稳定、金融稳定可承受的范围内，杀死一批僵尸企业，将释放出大量劳动力。所以，去产能不仅仅是企业层面的重组，也是劳动力市场的重组过程。

当然，为数可观的劳动力，要从产能过剩行业转移到其他补短板的行业当中，这并不是一件容易的事情，涉及诸多环节的问题。在此过程中，政府可以而且也有能力发挥作用，比如2016年3月政府工作报告中提到的1000亿元专项资金，将用于分流、安置下岗工人。假设每个工人一年的转岗培训费用为5万元，则1000亿元的专项费用可支持200万人实现就业技能转换。这样的开支，和2015年股票市场动荡期间，动辄几千上万亿的救市资金相比，可以说并不是一个不能承受之重。

纠正劳动力市场错配，释放人力资本红利

开篇提到了劳动力数量在加速下降，同时，中国的劳动力质量即人力资本也在迅速提升。同2010年全国人口普查数据相比，4月20日发布的人口数据显示：每10万人中具有大学教育程度人口由8930人上升为12445人；具有高中教育程度人口由14032人上升为15350人；而初中、小学教育程度的人口数量则有相应的下降。

如果只关注新增的高学历人口，数据更加醒目：2014年全国高校大学毕业生659万人，在过去5年增长24%，在过去10

全球经济和中国经济：穿越无人区

年增长176%；同样的，2014年海外归国留学生36.5万人，在过去5年增长234%，过去10年则增长了近13倍！

但是——人力资本转化为现实生产能力存在障碍，这导致相当一部分新增人力资本无法转化为现实的生产能力。根据人保部的数据，近年来，高中及以下学历的劳动力供给一直存在较严重的短缺，2013年其短缺比率一度达到20%左右。而在大学专科和本科毕业生的求职市场，则一直处于供给过剩状态，2013年的过剩比率一度达到13%。

相当比例的人力资本，目前处于闲置状态，这不仅会对潜在产出造成负面影响，而且也可能引发一系列社会问题。如何才能释放现有人力资本的生产能力？发展服务业！目前中国在服务业领域的就业人口比例，不仅远低于发达国家，而且也显著低于相同发展阶段的其他国家。更具体来讲，服务业当中哪些细分行业是短板？

作为一个参考基准，我们选取美国的服务业就业分布作为比较对象，对比两国服务业就业人数在13个子行业的分布比例（2011年数据），可以发现在以下行业，中国的就业人数比例明显低于美国：（1）卫生、社会保险和社会福利；（2）水利、环境和公共设施管理；（3）科学研究、技术服务和地质勘查；（4）金融业；（5）教育业。在上述5个行业当中，中国的就业比例分别低于美国13.4个百分点、5.9个百分点、5.5个百分点、2.7个百分点和1.2个百分点。上述对比，可能与很多人的直觉不谋而合。而且，中国服务业就业占比也大大低于美国，如果考虑到这一点，则上述领域的就业不足程度有可能更加严重。

服务业的发展滞后是许多问题的症结所在。因此，放开市场准入、推动服务业发展，既有利于创造新一轮的投资热点、稳定短期宏观经济；同时，也有利于改善大学生就业，并推动医疗、金融、教育、技术服务、水利、环境保护、地质勘查、公共设施管理等行业的发展——而这些行业，恰恰也是"补短板"的重点领域。

主要参考文献：

1. 何帆、朱鹤：《僵尸企业的识别与应对》，《中国金融》2016年第5期。

2. 徐奇渊、张斌：《中国经济：寻找调结构与保增长的一致性（2015—2016）》，载王洛林、张宇燕、孙杰主编《世界经济黄皮书》，社会科学文献出版社2015年版。

（本文写于2016年4月）

后　记

本书的内容，大都已经发表于《澎湃》《财经》《清华金融评论》《金融市场研究》等期刊杂志。在此，我们要感谢《澎湃研究所》编辑单雪菱、《财经》杂志苏琦副主编、《清华金融评论》副主编鞠建东教授、《金融市场研究》编辑韦燕春女士（她同时还是财经漫画高手）。我们每篇文章的成稿，离不开他们的信任、督促和激励。同时，我们还要感谢中国社会科学出版社、尤其感谢总编辑助理王茵博士。这本书能够出版、呈现在读者面前，离不开上述每一位同仁的努力和付出。

我们还要感谢中国社会科学院世界经济与政治研究所的各位同事，这是一个学术民工们可以寄托事业和理想的所在。这里的工作环境舒畅且有弹性，使得我们可以在工作之余，仍然有精力做一些发散的思考、并撰写这样的一些文章跟大家分享。

在集结成本书之前，我们又根据经济形势的最新变化进行

后　记

了必要修订。除了封面提到的三位主要作者之外，张斌、陈思翀、肖立晟，也分别参与了第 3 篇第 4 节、第 3 篇第 10 节和第 2 篇第 4 节的写作（在相应章节的题注已经标出）。在此一并表示感谢。

徐奇渊

2018 年 6 月 6 日